미래 세대를 위한

동학
농민
혁명 이야기

미래 세대를 위한 동학 농민 혁명 이야기

제1판 제1쇄 발행일 2024년 12월 5일

글 | 김삼웅
그림 | 방승조
기획 | 책도둑(김민호, 박정훈, 박정식)
디자인 | 이안디자인
펴낸이 | 김은지
펴낸곳 | 철수와영희
주소 | 서울시 마포구 월드컵로 65, 302호(망원동, 양경회관)
전화 | 02) 332-0815
팩스 | 02) 6003-1958
전자우편 | chulsu815@hanmail.net
등록번호 | 제319-2005-42호
ISBN 979-11-7153-021-2 43910

ⓒ 김삼웅, 방승조 2024

미래 세대를 위한

동학
농민
혁명 이야기

글 김삼웅 | 그림 방승조

철수와영희

세계 역사의 이정표, 동학 농민 혁명 바로 알기

1894년에 일어난 동학 농민 혁명은 우리나라 근대사의 변곡점이 된 중요한 사건입니다. 안으로는 부패·무능한 정권을 뒤엎고, 밖으로는 외세의 침략을 물리쳐 자주적인 민족 국가를 세우려는 장엄한 민중 혁명이지요.

조선 왕조 후기에 이르러 무능한 임금과 척신들의 붕당 정치와 세도 정치로 나라가 위기에 빠지게 되었어요. 삼정은 문란했으며 관직이 공공연하게 매매되고 국가 안위가 흔들렸습니다. 관리들의 수탈로 백성들은 삶의 터전을 잃고 화전민이 되거나 화적 떼가 되는 경우도 많았습니다.

일본과 서양 세력이 밀려와 국정을 위협하고 나라의 각종 이권을 빼앗았으며, 자연재해와 각종 질병이 백성들을 위협했어요. 그래서 전국 각지에서 민란이 일어났습니다. 대부분 민란은 관군에 의해 진압되고 그 주동자들은 처벌되었지요.

그러나 동학 농민 혁명은 달랐습니다. 주도자들이 동학교도들과 깨어 있는 농민들이고, 내세운 명분이 뚜렷했습니다. 보국안민·광제창생·척왜척양이었어요. 국가를 보위해 백성들을 편안하게 하고, 널리 백성을 구제하고, 왜적과 서양 오랑캐를 물리쳐 나라다운 나라를 세우겠다는 주장입니다.

여기에는 배경이 있어요. 최제우가 "사람이 곧 한울이다"라고 외치면

서 만인평등의 동학을 선포하고 그 후에 최시형이 이를 잇고 더욱 보태어 인존사상, 즉 사람의 가치와 생명을 최대로 존중하는 동학사상을 집대성했어요.

당시 조정에서는 주자학이 국교처럼 신봉되고 이에 반대되는 학문이나 사상은 이단으로 몰려 처벌되었습니다. 주자학은 유교 질서의 기본이 되어 양반과 상놈으로 신분 질서가 정해지고 있었는데 동학은 이를 깨부수는 만인의 평등사상을 내세운 것입니다.

최제우와 최시형은 역적으로 몰려 죽습니다. 그러나 이들이 남긴 인간 평등, 광제창생의 가치는 많은 사람에게 공감을 불러일으킵니다. 긴 세월 동안 양반 지배층으로부터 사람대접을 받지 못한 채 노역과 세금, 군역에 시달려 온 백성들이 차츰 깨어나 그 수가 많아지면서 세력을 형성하고 드디어 동학 농민 혁명으로 봉기한 것입니다.

호남에서 시작된 동학 농민 혁명은 삽시간에 남부 지역에 이어 중부·북부 지역으로 번지고 조선 왕조의 발상지인 전주성을 장악하기에 이릅니다. 이때 일본군이 쳐들어와서 신식 무기로 동학 농민 혁명군을 무차별 살상합니다. 국정 개혁도 중요하지만 먼저 이 땅에 들어온 왜군을 물리쳐야 했던 동학군 지도자들은 개혁을 실천하겠다고 약속한 정부와 '전주

화약'을 맺고 전주성에서 물러나 후퇴했어요.

동학 농민군은 한때 황토현 전투에서 대승을 이루기도 했지만, 무기가 낡은 화승총이나 죽창인 데 비해 일본군은 신식 총기에다 기관총까지 갖춰서 대적하기에 어려움이 많았어요. 동학은 나라를 구하겠다는 정신은 드높았지만, 농사를 짓던 농부들이고 일본군은 정예 부대였어요.

동학 농민 혁명은 1894년 전라도 고부를 중심으로 시작되었습니다. 고부 군수 조병갑은 가혹하게 미곡을 징수하고 저수지인 만석보를 짓겠다며 많은 세금을 거둬 농민의 원성을 사게 됩니다. 이를 계기로 전봉준을 중심으로 동학교도들이 농민들과 함께 봉기함으로써 혁명이 발발했어요.

세계 혁명사를 보면 영국의 청교도 혁명, 독일의 종교 개혁, 미국의 독립 혁명, 프랑스의 혁명, 중국의 신해혁명이 있었습니다. 이들은 모두 그 나라의 정체성을 보여 주는 변혁 운동이지요. 우리나라의 동학 농민 혁명은 이 같은 반열에 올려도 손색이 없는 자주적인 민중 혁명입니다.

특징이라면 동학을 창도한 교주와 2세 교주, 3세 교주가 잇따라 당대의 정치권력과 외세 침략 세력에 의해 참사를 당했다는 점입니다. 세계 유수의 종교 창도자들 역시 대부분 수난을 겪었지만, 2~3세 교주까지 변을 당한 경우는 동학이 유일합니다. 최제우는 고종에게, 최시형은 고종과 일제에 의해 참수당하고, 3세 교주 손병희는 3·1 혁명 주도와 관련하여 투옥되었다가 숨지기 직전에 석방됐으니 사실상 옥사한 것이나 다름없습니다.

동학 혁명을 주도한 전봉준과 김개남을 비롯해 동학 지도자와 참여 농민 25만~30만 명이 학살당한 것도 세계 혁명사에 유례가 없는 일입니다.

동학 농민 혁명은 우리나라뿐만 아니라 전 세계 역사에 새로운 이정표입니다. 이에 2019년 정부는 동학 농민군이 황토현 전투에서 관군과 싸워 크게 이긴 5월 11일을 국가 기념일로 정했고, 2023년 5월 18일 유엔 산하 유네스코는 동학 농민 혁명의 각종 자료(사료)를 세계 기록 유산으로 등재했습니다. 2024년은 동학을 창도한 최제우 선생의 탄생 200주년이고, 동학 농민 혁명 발발 130주년이 되는 해입니다.

동학 농민 혁명은 오늘날 한국 민주주의의 토대가 되었습니다. 사회·문화적으로도 매우 큰 영향을 남겼어요. 그런 의미에서 오늘을 살아가는 모든 이가 반드시 알아야 할 역사라고 할 수 있습니다. 이 책이 동학 농민 혁명의 참뜻을 되새기는 계기가 되었으면 합니다.

김삼웅 드림

[차례]

1
조선의 위기와 동학의 등장

1 조선 후기 백성들의 삶은 어땠나요?

조선은 임진왜란과 병자호란을 겪으면서 나라 형편이 매우 어려워졌습니다. 수많은 백성이 희생되고 농토가 황폐해졌어요. 백성들이 먹고살기가 힘들었지요. 각종 질병과 흉년이 거듭되어 백성들의 고통은 더 커졌어요.

여기에 서양 제국주의 국가들이 동아시아를 침략했는데, 조선도 비켜 가지 않았습니다. 저들은 산업 혁명 이후 대량 생산에 필요한 원료의 공급지와 상품 판매 시장이 필요했습니다. 그래서 세계 곳곳을 다니며 무역을 강요하거나 식민지로 삼았어요.

조선은 병자호란 이후 청나라에 기대며 국권을 유지해 왔습니다. 그런데 청나라가 1840년 아편 전쟁에서 영국에 패하여 다섯 개 항구를 열고 홍콩을 넘겨주는 등 위기에 내몰립니다. 이를 본 조선 사회는 큰 충격에 빠졌어요. 그동안 믿고 따르던 나라가 서양 제국주의 나라에 무릎을 꿇었기 때문입니다.

일본은 1603년 도쿠가와 이에야스가 에도(지금의 도쿄)에 막부를 수립한 이래 오랫동안 쇄국 정책을 실시하다가 1853년 미국 페리 제독에 의해 개항이 이루어지는 등 동북아시아의 정세가 크게 변하고 있었습니다.

조선에서는 철종이 1863년 후사(왕자) 없이 사망하자 영조의 증손 이하응이 왕대비 신정 왕후와 손잡고 열두 살인 아들을 왕으로 즉위시켰는데 그가 고종입니다. 이로써 왕의 아버지인 흥선 대원군 이하응이 정권을 갖게 되었습니다. 초기에 백성들은 그의 개혁 정책에 크게 환호했어요. 그러나 실행 과정에서 많은 문제가 생겼습니다.

경복궁 중건 비용을 마련하고자 원납전이란 기부금을 강제로 거두고, 당백전이라는 고액 화폐도 발행했는데 액면가보다 실제 가치가 떨어져 경제에 큰 부담을 주었습니다. 일이 바쁜 농번기에 전국에서 백성들을 노역에 동원했으며, 특정 종교를 사교(사회에 해악을 끼치는 종교)로 지목하여 탄압하고, 유생들의 근거지인 서원을 47개만 남기고 모두 철폐했어요.

1866년에는 흥선 대원군이 수많은 천주교 신자들과 프랑스 선교사들을 처형했어요. 이를 구실로 프랑스가 군함을 보내어 조선을 침략해 약탈을 자행했는데, 조선군의 대응으로 철수했어요.(병인양요) 같은 해 미국의 제너럴셔먼호가 대동강까지 들어와서 통상을 요구하다 거절당하자, 약탈을 자행하고 인명을 살상했는데 평안감사가 이끄는 군사들에게 불태워져 침몰했어요. 1871년 미국이 이를 빌미로 강화도를 침공했지만 조선군의 대응으로 물러났어요.(신미양요)

그 사이 중국에서는 만주족의 청나라를 멸망시키고 한족의 나라를 세우겠다는 태평천국의 난이 일어나고, 일본에서는 메이지 유신이 일어나 부국강병을 내걸고 아시아에서는 최초로 근대적 입헌 체제를 수립합니다.

조선은 전정·군정·환곡 등 삼정이 문란해지고 크고 작은 관직이 거래되는 등 국가

미래 세대를 위한 동학 농민 혁명 이야기

기강이 무너졌어요. 백성들은 무거운 세금에 시달렸는데, 갓난아기에게도 세금이 부과되었으며, 견디다 못해 도망간 사람의 세금은 이웃이나 친지들이 대신 부담해야 했어요.

탐관오리들은 수단 방법을 가리지 않고 백성들을 수탈하여 민생이 도탄에 빠지고 농민들은 유랑민이 되거나 화적 떼로 변했어요. 전국 각지에서 민란이 속출합니다. 양반들은 세금이나 군역을 담당하지 않았기에, 돈을 모아 양반 신분을 사는 경우가 많아져 전체적으로 양반 수가 크게 늘었어요. 일반 백성들의 부담이 그만큼 증가한 것이지요.

한편으로는 지배층의 수탈과 탄압 속에서도 실학과 개화사상, 동학, 천주교의 전래 등으로 일반 백성들이 차츰 각성하기 시작하고 평등사상이 높아졌습니다. 1875년 운요호 사건(강화도와 영종도를 침탈해 민간인 학살과 방화를 자행한 일)을 일으킨 일본에 의해 강제 개항이 이루어지면서 일본의 침략이 본격화되고 있었어요.

개항 후에는 외국의 상품이 들어오면서 농촌 가내 공업의 해체와 계급 분화 현상이 나타나고, 농민들의 생활은 더욱 어려워지고, 탐관오리들의 수탈은 갈수록 심해졌어요.

2 동학이란 무슨 뜻인가요?

동학은 최제우에 의해 창도될 때부터 정부와 유림으로부터 거센 비판을 받았어요. 그래서 1세 교주 최제우는 참형을 당했지요. 동학이 1894년 동학 농민 혁명으로 폭발하자 기득권 세력은 동비·비적·폭민 등으로 부르며 역적으로 취급하고 탄압했습니다. 고대로부터 중국에서는 반란 농민을 '비(匪)'라고 불렀습니다. 정치 질서의 수호자이며 토지 소유권의 옹호자인 관리들에게 반란 농민은 도적 떼라는 것이었어요.

우리나라에서도 동학 농민 혁명을 '토비' 또는 '동비의 난'이라 불렀어요. '토비'는 농사를 짓는 '농사꾼 도적 떼'를 말하고, '동비'는 '동학 비적'의 줄임말입니다. 비적이란 무장을 하고 떼를 지어 다니면서 사람을 해치는 도둑을 일컫습니다.

이 때문에 동학 농민 혁명은 오랫동안 동비·동학란으로 불리며, 조선 왕조에 대항하는 반란군처럼 기술되고 매도되었습니다. 이것은 일제 강점기를 거쳐 해방 후 1970년대까지 유지되었어요.

사회의 민주화와 함께 국민의 역사의식이 높아지고 동학에 관한 연구가 확장되면서 동학 농민 혁명이라는 올바른 지위를 회복하게 되었어요.

동학 농민 혁명은 조선 봉건 체제 해체사의 최종적 도달점이며 근대 조선 민중 해방 운동사의 본격적인 출발점이 됩니다. 발생 이유는 이렇습니다.

첫째는 18세기 이후 악화된 조선 왕조 양반 사회의 정치적 모순,

둘째는 삼정 등 정치의 문란,

셋째는 19세기 이후 서세동점(서양이 동양을 지배함)의 위기 속에서 나라를 지켜야 한다는 국가 보위 의식의 팽배,

넷째는 전통적인 유교의 폐해에 따른 지도 이념의 퇴색,

다섯째는 서학의 도전을 민족적 주체 의식으로 대응하려는 움직임,

여섯째는 실학에서 현실 비판과 개혁 사상에 영향 받은 피지배 민중의 깨달음과 의식 수준 향상 등을 들 수 있습니다.

동학사상은 주자학적 전통으로 굳게 닫힌 전근대의 강고한 철벽을 무너뜨렸습니다. 또한 인권·평등·자존을 바탕으로 백성들을 깨우치고, 삶의 주체로서 민족정신을 일깨워서 근대의 문을

열게 했습니다. 봉건적 전근대의 철문을 깨고 근대의 광장을 연 것이지요.

동학은 창도 초기가 도인(동학교도)들의 각성기라면, 중기는 처형당한 교조 최제우의 억울함을 풀어 주자는 교조 신원 운동과 교세 확장, 후기는 동학 농민 혁명으로 전개되었어요. 동학 교조 (敎祖) 최제우를 '사도난정(邪道亂正, 거짓 가르침으로 세상을 어지럽힘)'의 주역으로 몰아 처형한 정부는 내적인 개혁 요구와 세계적인 변화의 흐름 앞에서 문을 굳게 닫아걸고 있다가 강제 개항을 맞게 되었습니다. 이런 상황에서 동학은 제국주의 침략에 의한 식민지화와 국내 봉건적 관료층의 수탈로 신음하는 피압박 민중을 위한 해방 운동과 반봉건 · 반외세 투쟁을 위한 혁명 이념으로 나타났습니다.

수운 최제우가 1860년 창도하고 해월 최시형이 승계하여 뿌리내린 동학은 흔히 서세동점의 물결에 따라 밀려온 서학의 대칭 개념으로 이해되었습니다. 하지만 동학의 '동'은 지정학적으로 동쪽을 가리키는 말이 아닌 우리나라 고대의 국호에서 기원합니다.

예로부터 우리나라는 '동방에 있는 나라'라고 하여 동국이라 불렸어요. 중국에서는 '동이'라고도 불렀어요. '동'과 관련하여 많

은 저술이 이루어진 것은 이것이 국호이기 때문입니다.

『동국여지승람』, 『동국명산기』, 『동국문헌』, 『동국문헌비고』, 『동국문헌절요』, 『동국사략』, 『동국세시기』, 『동국여지승람』, 『동국지리지』, 『동국통감』, 『동사강목』 등 일일이 헤아리기 어려울 정도입니다. 한의학을 '동의'라 부르고, 『동의보감』은 우리나라 의서를 한데 모아 편찬한 조선 때의 으뜸가는 의학서를 일컫지요.

동학은 우리 문화, 우리 학문, 우리 철학, 우리 종교, 우리 사상을 집대성한 것으로, 결코 배타적이거나 국수적이지 않은 시대정신이고 민족 사상이고 민족 종교입니다.

3 최제우는 왜 동학을 창시했나요?

최제우는 지금으로부터 약 200년 전인 1824년 12월 18일(음력 10월 28일) 경상북도 경주에서 태어났습니다. 아버지는 최옥이고 어머니는 청주 한씨입니다. 신라 말의 유명한 문인 최치원의 후예였어요. 최제우는 호를 수운(水雲)이라 지었는데, 이것은 먼 조상인 최치원의 호 고운(孤雲)에서 '운'자를 따서 지은 것으로 그만큼 최치원을 존경했습니다.

아버지는 비록 벼슬은 하지 않았으나 학문과 인품이 훌륭하여 지역에서 존경받는 분이셨어요. 그러나 가정적으로는 불행했습니다. 첫 부인이 일찍 죽고 재혼했으나 이분도 젊은 나이에 세상을 떠났어요. 세 번째로 맞은 부인이 청주 한씨로 바로 최제우의 어머니이지요. 아버지가 63세, 어머니가 30세였을 때 태어났습니다.

그가 성장한 시기는 나라가 안팎으로 어려운 때였어요. 가까운 바다에 서양 선박인 '이양선'이 나타나고 천주교인 수백 명이

붙잡혀 처형되었어요. 사회는 양반 · 상민의 반상 체제가 더욱 굳어졌고 최제우는 정식으로 결혼한 부인의 소생으로 태어났으나, 어머니가 재혼한 상태였기에 차별을 받아야 했습니다. 당시 국가의 대법전인 『경국대전』의 '재가한 부녀의 자손은 관리로 등용하지 않는다'는 규정 때문에 과거를 치를 수 없었어요.

그가 6세 때에 어머니가 병환으로 앓다가 눈을 감았습니다. 어린 나이에 어머니를 잃은 최제우는 아버지 밑에서 열심히 공부했어요. 그러나 아무리 두뇌가 우수하고 학업을 열심히 해도 출

세의 관문인 과거를 볼 수 없는 처지여서 실망과 좌절의 늪에 빠져듭니다. 그러다 어머니에 이어 아버지마저 세상을 떠났어요. 고아가 된 그는 19세 때에 아버지가 생전에 정해준 밀양 박씨와 혼인하고, 아버지가 쓰던 구미산 계곡 용담의 집을 수리하여 살게 됩니다. 그러고는 먹고살기 위해 장사꾼이 되었어요. 10년 동안 곳곳을 돌아다니며 장사를 했습니다.

백성들의 삶은 어느 곳이나 어려웠습니다. 30세가 되는 1854년에 부인의 고향인 울산으로 이사를 갔어요. 이곳에서 그동안 장사해서 모은 돈으로 약간의 토지를 사서 농사를 지었어요. 그런 한편 열심히 공부를 하면서, 영특함을 타고난 그는 여느 선비·유생들 못지않게 깊은 학식을 쌓아 갑니다.

그러던 어느 날 이상한 차림을 한 방문객이 책 한 권을 주었습니다. 금강산 유점사에서 왔다는 스님이었는데, 이분이 전해 준 책을 읽고, 내원암이라는 암자에서 49일간 기도를 올립니다. 이렇게 시작된 수도는 한동안 계속되었습니다. 이는 당시 유행하던 기이한 행적이나 풍수 도참설을 통한 구도가 아니었어요. 심신을 단련하고 깊은 사색을 하면서 이웃을 살리고 나라를 구제하는 광제창생의 길을 찾고자 했습니다.

36세이던 1860년 4월 5일 최제우는 신(神)과 만나는 체험을 합니다. 현대 과학에 익숙한 사람들에게 이러한 '신 체험'이나 '신내림'은 쉽게 받아들이기 어렵습니다. 초현실적인 이야기이기 때문입니다. 그런데 종교적인 관점에서 보면 그 의미가 달라집니다. 모세는 모래바람 이는 황야에서 하느님을 발견하고, 조로아스터는 동굴에서 명상 중에 하느님을 보았다고 전해집니다. 석가모니는 보리수나무 밑에서 진리를, 예수는 황야의 사막에서 하느님의 계시를, 마호메트는 산꼭대기에서 수평선 너머로 불타는 글씨가 새겨진 양피지를 보았고, 신의 목소리를 듣고 깨달음을 얻었다고 합니다. 이처럼 외국에서 발생한 종교의 신 체험 사례는 그런대로 수용하면서 국내의 경우는 비과학 또는 미신으로 치부하는 경향이 있습니다.

최제우는 1860년 4월 5일 용담사에서 '한울님의 계시'로 후천개벽의 새 원리인 동학의 깨달음을 얻고 새로운 세상을 열고자 합니다. 이후 그는 도탄에 빠진 백성을 구하고, 위기로 치닫는 나라를 살릴 길을 찾고자 지극정성으로 기도하고 사람들을 만나서 민심을 듣습니다.

학문 연구와 기도를 거듭하면서 1860년 「용담가」를 짓고 1861

년부터 포덕(布德, 한울님의 덕을 세상에 알림)을 시작하자 어진 선비들과 백성들이 찾아옵니다. 그러자 동학에 반대하는 유생들이 항의하는 등 탄압이 시작돼요. 최제우는 체포되었다가 풀려나 전라도 남원 은적암에 머물며 「권학가」와 「논학문」, 「도덕가」, 「흥비가」, 「불연기연」 등을 지어요.

동학에 대한 백성들의 호응은 상상 이상이었습니다. 여기저기서 사람들이 구름처럼 몰려들자 불안을 느낀 정부는 또다시 최제우를 체포합니다. 서울로 압송하던 중 철종 임금이 서거하자 대구의 경상 감영에 가두었어요. 최제우는 1864년 4월 15일(음력 3월 10일) 세상을 어지럽혔다는 억울한 죄목으로 참형을 받아 순교합니다. 40세의 젊은 나이였습니다.

4 동학의 핵심 사상은 무엇인가요?

최제우는 독창성이 강하고 이론적 깊이도 대단한 인물이었습니다. 그의 시천주(사람은 누구나 하늘을 모시고 있는 위대한 존재)와 광제창생(널리 백성을 구제함), 제폭구민(포악한 것을 물리치고 어려움에 처한 백성을 구함) 등의 개혁 사상은 근현대사의 시대정신으로 전승되었습니다. 하지만 그는 시대의 희생양이 되고 말았습니다.

최제우는 밀려오는 서학에 대한 대항 의식을 갖고 국정을 나락으로 빠뜨리는 낡고 병든 왕조 문화를 타파하고자 했습니다. 그러나 세상을 구하고자 창도한 동학이 사학(邪學)으로 몰리면서 결국 순도(殉道)의 길을 걷게 되었어요. 그러나 선지자의 수난은 역사의 전진을 추동하는 새로운 길이 되었습니다.

최제우는 동학을 창도한 교조이기도 하지만 사회 개혁 사상가였습니다. 그의 사상은 조선 사회가 병들어 있다는 '사회 질병설'과 이를 구제하려면 일대 개혁이 필요하다는 '개벽 사상'이 핵심입니다. 다음은 그가 쓴 천도교 경전 중 한 대목입니다.

이런 고로 우리나라는 악질(惡疾)이 세상에 가득하여

백성들이 어느 한 철에도 편한 날이 없으니

이 또한 상해(傷害)의 운수니라. (『동경대전』「포덕문」중에서)

최제우가 말하는 '악질'은 질병뿐만 아니라 나쁜 정치, 그로 인한 탐관오리들의 발호와 타락한 유생들의 백성 수탈을 통칭합니다. 한마디로 무능하고 부패한 왕조 체제의 각종 적폐를 말하지요. 최제우는 여기에서 개탄만 하지 말고 '개벽'에 나설 것을 촉구했습니다. 개벽은 한국 민족 종교들이 추구한 공통적인 가치로서, 압축하면 사회 개혁, 즉 '새로운 시대'를 뜻합니다. 하늘이 열리는 것을 개(開)라 하고 땅이 열리는 것을 벽(闢)이라 했어요. 하늘과 땅이 새롭게 열리는 것이 바로 천지개벽입니다.

2

사람을 하늘처럼 섬기다

5 백성들은 왜 동학을 따랐나요?

최제우는 한자를 잘 모르는 평민과 여성 등 일반 백성에게 동학 사상을 빨리 쉽게 전하기 위해 한글 가사체로 『용담유사』를 지었습니다.

뒷날 2세 교주 최시형이 1881년 6월 충북 단양군 남면 천동리 여군덕의 집에 간행소를 차리고 『용담유사』를 목판본으로 간행했는데, 이때 내용 중 「검결」 부분은 삭제되었어요. 고종 정부가 최제우를 처형할 때 바로 이 부분을 반역의 근거로 들었기 때문일 것입니다.

「검결」은 1861년에 지은 것으로 일명 '칼 노래'로 불립니다. 남원의 은적암에서 수도할 때 득도의 기쁨으로 목검을 들고 춤을 추었다고 합니다. "용천검 드는 칼을 아니 쓰고 무엇하랴. 무수장삼 떨쳐입고 이 칼 저 칼 넌줏 들어, 호호망망 넓은 천지 일신으로 비켜서서 칼 노래 한 곡조를 시호시호 불러내니…"로 이어집니다. 이 가사는 갑오년 동학 농민 혁명 당시 동학군의 군가로 애창

되기도 했어요. 다음은 『용담유사』에 실린 주요 가사들의 내용입니다.

① 「용담가」는 최제우 자신이 태어나서 자랐으며 수도했던 경주 구미산 용담의 아름다움과 득도의 기쁨을 노래한 가사입니다. 득도한 바로 그해(1860년)에 지은 것으로 전체가 4장 144수로 되었어요.

② 「안심가」는 사회적으로나 정치적으로 불안하고 천대받던 여성들을 마음과 행동이 어질고 바르며, 거룩하다고 떠받들면서 춘삼월 호시절에 태평가를 함께 부를 주체로 설정하고 있습니다. 또한 왜적에 대한 적개심을 토로하면서 그는 자신이 곧 왜적을 물리치고 나라를 지킬 것이니, 사람들은 안심하라는 대목도 있습니다.

③ 「교훈가」는 득도한 다음 해인 1861년에 지은 장편 가사입니다. 교도들에게 힘써 수도할 것을 당부하면서 사람은 누구나 하느님을 이미 모시고 있으므로 하늘 조화의 그 참된 마음을 고이 간직하고 믿는 데서 창조의 바른 기운을 되살릴 수 있다고 말합니다.

④ 「몽중노소문답가」는 1861년에 지은 것으로 자신의 출생, 성장, 득도 과정, 득도 내용 등을 설명하고, 꿈속에서 노인과 소년이 묻고 답하는 형식을 통해서 조선 왕조의 멸망과

새로운 동학의 탄생을 상징적으로 표현하고 있습니다.

⑤ 「도수사」는 최제우가 득도한 뒤 고향에서 여러 제자를 가르치다가 어쩔 수 없이 고향을 떠나면서 남긴 글입니다. 제자들에게 자신이 가르친 도를 지키면서 정성을 다하여 도를 닦기를 당부하고 있습니다.

⑥ 「권학가」는 남원읍 은적암에서 1862년 새해를 맞으면서 각지의 제자들을 생각하는 마음을 담은 가사입니다. 최제우 자신이 창도한 동학을 믿음으로써 다 함께 동귀 일체(한뜻으로 하나가 되다)할 것을 권유한 노래로서, 어질고 뜻있는 사람을 만나거든 이 가사를 주고 가르침을 존중하도록 하라는 내용입니다.

⑦ 「도덕가」는 1863년 7월 경주 현곡면 등지를 순회 설법하면서 지은 가사로 사회적 신분이나 지위보다 도덕의 귀중함을 강조한 노래입니다.

⑧ 「흥비가」는 1863년에 지은 가사로 도를 닦는 법을 가르친 노래입니다. 도는 결코 먼 곳에 있지 않으니 일상적인 일부터 요령 있게 행하는 데서 깨달을 수 있다는 내용을 담고 있습니다.

최제우는 동학을 창도하고 전파하면서 주로 한글과 구어체(입말체) 문장을 썼습니다. 평소 책을 접하기 어려운 데다 한자가 어려웠던 일반 백성들은 쉬운 우리말과 우리글로 쓰인 경전과 그의 설교에 반하게 되었어요.

내용도 하나같이 사람은 태어날 때부터 평등하다는 것, 동학은 내세가 아닌 현세에 사람답게 살고자 한다는 주장이었습니다. 억압과 수탈에 시달리던 평민·천민·백정 같은 백성들이 이에 공감하면서 널리 전파되었어요.

6 2세 교주 최시형은 어떤 일을 했나요?

동학의 2세 교주 최시형은 1827년 4월 16일(음력 3월 21일) 경주에서 아버지 최종수와 어머니 월성 배씨 사이에 외아들로 태어났습니다. 6세 때 어머니를 잃고, 10세 때에 서학서원에서 유학을 배웁니다. 그러다 15세 때 아버지마저 세상을 뜨자 누이동생과 먼 친척 집에 얹혀살게 되었어요.

일찍 부모를 잃은 그는 역경 속에서도 건강하게 자랐습니다. 17세에는 인근 마을에서 한지를 만드는 일을 하고 19세에 밀양 손씨와 결혼합니다. 열심히 일하는 최시형을 보고 사람들이 그를 집강으로 뽑았습니다. 집강은 마을 행정 일을 보는 사람으로 지금의 이장이나 면장에 해당합니다. 그러다 한때 산속에 들어가 화전민으로 살았어요.

그 무렵 동학을 창도한 최제우에 관한 소문을 들었습니다. 그를 찾아가 도인이 되고 열심히 스승을 모시고 공부했어요. 새로운 세상이 열리는 듯했습니다. 어릴 적부터 남의 눈칫밥을 먹고

자라 온 그에게 만인평등, 후천개벽 사상은 자신의 처지에 꼭 맞
았습니다. 그래서 더욱 열심히 동학의 경전을 공부하여 스승의
눈에 들게 되었어요.

최시형은 스승으로부터 해월(海月)이라는 호를 받고 산간 마을
을 돌며 동학 선교에 나섰어요. 그러던 중 스승이 가족과 함께 끌
려갔다는 소식을 듣게 되었지요. 당장 달려가 옥바라지라도 하려
는데, 도인이 찾아와서 스승의 뜻이라며 멀리 피신하라는 비밀 지

시를 전합니다. 최제우 자신은 비록 처형되더라도 동학은 살려야
한다는 취지였어요.

최시형은 스승의 뜻에 따라 산간 마을을 돌며 동학을 가르치
고 조직을 확대했습니다. 그는 보따리에 동학 경전과 짚신을 넣고
다니며 35년간 전국을 순회합니다. 이런 그를 일러 세간에서는
'최 보따리'라는 별명으로 불렀어요. 동학 2세 교주가 되어 관헌
의 추적을 피해 가면서 포교 활동을 하여 튼실한 동학의 교단 조
직을 만들기에 이르렀어요.

그의 두 어깨에는 짊어질 책임이 있었습니다. 동학이 다른 종
교들처럼 자유롭게 활동할 수 있는 선교의 자유를 획득하는 것과
억울하게 참수당한 스승 최제우를 신원하는 일이었습니다. 두 가
지 다 여간 힘든 일이 아니었어요. 조정에서는 여전히 동학을 이
단으로 몰아 탄압했습니다.

그는 먼저 최제우가 남긴 문집과 경전을 간행하여 도인과 일
반 백성들이 쉽게 읽을 수 있도록 했어요. 동학을 믿는 도인이 늘
어나면서는 조직 정비와 관리를 서둘러 교단 조직인 접의 책임자
(접주)의 활동 기한을 정하는 '개접제'를 실시하고 교단의 직제인
'육임제'를 마련했습니다.

조직이 어느 정도 정비되자 교조 신원 운동을 시작합니다. 한국 사회는 오래전부터 억울한 죽음으로 귀천하지 못한 이의 한을 풀어주는 일을 살아 있는 사람들의 과제로 여겼어요. 당시 고종 정부는 기독교를 인정해, 1885년 10월에는 미국 감리회 선교사 아펜젤러가 서울에 정동제일교회를 설립했고, 1887년 9월에는 미국 장로교 선교사 언더우드가 새문안교회를 설립했어요. 그러나 동학만큼은 끝내 허용하지 않았습니다.

최시형과 도인들은 집단행동에 나서게 됩니다. 광화문에 도인들이 모여 대궐문 앞에서 거적대기를 깔고 밤을 지새우는 복합 상소를 올립니다. 고종 정부는 들어줄 것처럼 했다가 막상 도인들이 해산하자 오히려 탄압함으로써 동학 도인들을 격분시켰습니다. 이에 2만여 명의 도인들은 보은에 모여 교조 신원과 척왜척양을 주장했습니다. 정부는 이에 놀라 동학 지도부와 타협을 하게 됩니다.

정부와의 타협의 결과 동학 측에서 지목한 탐관오리들이 처벌되고, 농사철이어서 도인들은 고향으로 돌아가기로 했습니다. 이후 최시형은 다시 보따리 하나만 들고 각지를 전전했습니다. 민심을 듣고 도인들을 위로하는 행로였어요. 그는 조급하지 않았고 그

렇다고 멈추지도 않았습니다. 매사에 열정적이면서 차분한 성품이었어요. 겹겹이 두꺼운 벽을 뛰어넘어야 하는 것이 동학의 과제이지만, 단숨에 넘기 어렵다면 돌아가는 한이 있더라도 쉼 없이 넘어서려 애썼습니다. 500년 넘게 굳게 자리 잡힌 성리학적 유교의 가치관이 쉽게 무너지리라 믿지 않았어요.

오래전에 토착화된 불교와 서세동점의 물결을 타고 밀려온 기독교가 하나같이 죽어서 극락과 천당을 바라는 내세주의 종교인데 비해 동학은 살아서 보국안민과 지상 천국 건설을 이루자는 현세주의 종교입니다. 외래 사조로부터 전통문화를 지키면서 보국안민과 지상 천국의 현세주의로 가는 길은 그러나 현실적으로 벽이 너무 높고 두터웠어요.

그는 시대에 절망하면서도 '길이 없는 길'을 찾아 쉼 없이 걸었습니다. 그리고 비탄에 빠진 도인들과 도탄에 빠진 백성들을 보듬고 다독이면서 행보를 넓혀 나갔어요. 감동적인 언변이나 내밀한 속삭임보다 신념에 찬 확신이 사람들에게 믿음을 주었습니다. 긴 세월 동안 외진 산간 마을을 찾아다니며, 이 땅에서 태어나 모진 세파를 겪으며 소박하게 살아가는 민초들과 스스럼없이 어울리고 무람없이 지내게 되었어요.

그는 조선의 일반적인 선비가 아니었습니다. 마음에는 낡고 부패한 왕조, 물밀듯이 밀려오는 일본과 서양 세력, 적서·반상·남녀 차별이라는 하나같이 두꺼운 벽을 뛰어넘어야 한다는 신념이 있었습니다. 시대적 소명 앞에 불뚝불뚝 치솟는 저항 의식이 잠재된 혁명가였지요. 그래서 깊게 사유하고 쉼 없이 일하고 활동했습니다.

범상한 듯하면서도 남다른 역사관과 시대정신을 갖고 민초들의 다정한 이웃이자 스승이 된 최시형은 동학의 명실상부한 지도자로서 어지러운 시국에 대처하고 있었습니다. 각 지역의 유능한 인재를 발굴하거나 천거 받아 접주로 임명하여 교세는 하루가 다르게 확산되었어요. 그리고 이들은 차츰 동학을 보국안민과 일본을 비롯한 서양 제국주의 세력을 배척한다는 척왜척양의 역사의식으로 무장해 나갔습니다. 여기에는 최시형의 영향이 적지 않았습니다.

최시형은 1898년 5월 25일(음력 4월 6일) 원주에서 관졸들에게 체포되어 서울 광화문 경무청에 수감되었다가 서소문 형무소로 옮겨 갔습니다. 목에 무거운 큰 칼을 쓴 채 공평동의 고등 재판소에서 재판을 받았어요. 당시 예비 판사 중 한 명이 동학 농민 혁

명의 직접적인 계기가 되었던 고부 군수 출신 조병갑입니다. 조병
갑은 동학 혁명으로 파면된 후 유배되었지만, 곧 복권된 이후 고
등 재판관(오늘날 고등법원 판사)으로 승진했습니다. '예비 판사'는 판
사 유고 시 대타로 나서는 자리가 아니라 조정에서 파견한 일종의
감시병이었어요.

재판은 요식 행위로 그치고 최시형은 71세의 나이로 1898년
7월 20일(음력 6월 2일) 처형되었습니다. 최제우와 똑같은 세상을
어지럽혔다는 죄목이었어요. 경성 감옥 형장의 교수대에 올라선
최시형에게 검사가 "마지막으로 할 말이 없느냐"고 물었어요. 그
는 "나 죽은 뒤 10년 이내에 동학의 주문 소리가 장안에 진동하
리라"는 말을 남기고 순교했습니다.

7 동학사상은 생태주의와 어떻게 이어지나요?

우리나라 근대사에서 민족·민중 운동의 물꼬를 튼 것은 동학입
니다. 동학의 각종 사료는 유엔 산하 유네스코가 세계 문화유산
으로 등재할 만큼 가치가 있습니다.

우리는 지금 인류사적, 문명사적 큰 변환의 물결을 맞고 있어
요. 산업 혁명 이후 지구 온난화는 빙하·빙산을 녹이고 해수면
을 상승시켜 이상 기온·홍수·가뭄·태풍을 불러오고 동식물을
멸종시키거나 생태계를 파괴합니다.

극심한 기후 변화는 지구촌을 온통 재앙으로 물들입니다. 세
계 곳곳에서 일어나고 있는 이상 기후 현상은 현대 문명의 지속
가능성을 묻고 있어요. 이러한 현상은 과학 기술의 이름 아래 벌어
진 자연 파괴와 이를 통한 물질문명의 성장과 발전의 결과입니다.

하늘을 섬기고, 사람을 섬기고, 천지 만물을 섬기라는 최시형
의 '삼경설'은 일찍이 세계 어느 사상가나 철학자도 내세운 바 없는
고유하고 독특한 이데올로기입니다. 이것이야말로 거대 재앙에 직

면한 오늘날 인류가 수용 · 실행해야 할 과제가 아닐까 싶습니다.

삼경설은 "경천만 있고 경인과 경물이 없으면 이는 농사의 이치는 알되 실제로 종자를 땅에 뿌리지 않는 행위와 같다", "사람이 사람을 공경함으로써 도덕의 극치가 되지 못하고, 나아가 물을 공경함에까지 이르러야 덕에 합일될 수 있나니라"는 경구에 답이 있습니다. 이것은 서구 중세의 신(神) 중심 사상 체계와 근대의 이성 중심 사상 체계를 뛰어넘어 인간과 한울님(神)과 자연 만물을 일체화하는 통합적이고 융합적인 철학 사상인 것입니다.

해월 최시형의 '양천주(養天主)설'도 다르지 않습니다. 내 안에

모신 한울님을 부모와 같이 받들고 봉양하며, 사람만이 아니라 천지 만물을 똑같이 대하라는 것입니다. 즉 각자의 마음속에 있는 한울님을 잘 살려 나가는 양천주 마음, 한울님을 인간과 동일시하고 나아가서 자연 만물과 동일시하는 사상이지요. 최시형은 이와 같은 신앙·사상·철학을 '사인여천'이란 네 글자로 집대성했습니다. 쉽게 풀이하면 '사람을 하늘처럼 섬기라'는 말입니다.

종교·사상·철학으로서 동학의 기조는 생명 사상입니다. 사람과 천지 만물의 생명에 절대 가치를 두었어요. 오늘날 기계 문명의 발달과 무한대의 인간 욕망으로 인해 생태계가 파괴되고 지구촌이 기후 위기에 시달리고 있습니다. 결국 최시형의 경천·경인·경물의 정신을 현재화하는 것이 지구촌을 살리는 길이지 않을까요?

최시형은 동학사는 물론 우리 근현대사의 전개에 있어서 지울 수 없는 세 가지 큰 역할을 했습니다.

첫째, 스승 최제우가 남긴 동학의 불씨를 살리고 키우고 불을 지폈습니다. 그 시기에 그가 아니었으면 과연 동학의 불씨가 사그라지지 않고, 최제우 교조의 법설과 사상이 온전히 전해지고 조직이 확장될 수 있었을까 묻게 됩니다.

둘째, 동학 혁명 당시 전라도 지역의 동학 조직인 남접과 충청도 지역의 동학 조직인 북접이 대립하여, 맞서 싸우자는 주전과 일단 충돌은 피하자는 화전으로 갈렸을 때 간부들의 뜻을 받들어 주전론을 수용하면서 동학군은 혼연일체가 되어 '척왜척양'과 '보국안민'의 혁명 전쟁에 나서게 되었습니다.

셋째, 교조 신원 운동을 통해 교도와 민중들을 집결시켰습니다. 이것은 군주 체제의 금지선을 뛰어넘어, 반봉건·반외세의 민족·민중 운동으로 진화하고, 현대 시민 운동의 원류가 되었습니다.

최시형은 "세상의 모든 사람, 천한 사람이나 귀한 사람 모두 한울님같이 대하고 섬겨야 한다"는 '사인여천(事人如天)' 사상을 정립하고 설파했습니다. 그의 종교적 경지는 한울님이라는 신만을 공경하는 경천을 넘어, 사람을 공경하는 경인, 만물과 하나 됨을 통해 만물을 아끼고 또 공경하는 경물의 삼경 사상으로 구체화되었습니다.

이러한 최시형의 종교적 경지를 바탕으로 하는 가르침은 오늘 인류가 겪고 있는 자연환경 위기에 대한 매우 소중한 가르침이 되고 있습니다. 현대에 이르러 환경 파괴의 심각성과 함께 제기되고 있는 생태 및 생명의 문제를 그는 이미 100여 년 전에 구체적이며 근원적인 차원에서 제기했어요.

3

3·1 혁명의 불을 댕기다

8 3세 교주 손병희는 왜 전봉준과 손을 잡았나요?

손병희는 1861년 5월 17일(음력 4월 8일) 충청북도 청주군에서 아버지 손두흥과 둘째 부인이었던 어머니 경주 최씨 사이에서 태어났습니다. 첫째 부인은 장남 병권을, 최씨 부인은 병희와 동생 병흠을 낳았어요.

손병희는 피할 수 없는 두 가지 질곡을 안고 태어났어요. 하나는 서자라는 신분이고, 다른 하나는 시대적 혼란이었습니다. 그가 태어난 1861년은 철종 12년으로 바로 한 해 전 최제우가 동학을 창도하고, 이듬해인 1862년에는 임술민란의 시발인 진주 민란이 일어났습니다.

안동 김씨, 풍양 조씨 등의 세도 정치로 국정이 극도로 문란해지고 봉건 지배층의 억압과 착취가 심해지면서 민중의 저항이 전국 각지에서 폭발하고, 천주교의 포교와 영향력이 커진 데 이어 열강의 침략이 시작되고 있었습니다. 이를 본 최제우가 민족적 위기를 느끼면서 동학을 창도했습니다. 최제우의 동학과 2세 교주 최시형은 손병희의 생애에 지대한 영향을 미치게 되고, 그는 후일 동학의 3세 교주가 되었습니다.

어린 시절 손병희는 남달리 눈빛이 초롱초롱하고 덩치가 컸다고 합니다. 점점 기골이 장대해지면서 호걸 소년으로 자라났어요. 그러나 양반과 상놈, 적자와 서자라는 신분의 굴레는 어린 손병희를 좌절시켰습니다. 아버지를 아버지라 부르지 못하고 큰어머니가 낳은 형을 형이라고 부르지 못했어요. 나이가 들면서 아무리 열심히 공부해도 관직에 들어갈 수 없는 서자 출신임을 비관하면서 글공부보다는 악동들과 어울려 술을 마시거나 노름을 하는 날이 많았답니다.

요즘 식으로 '비행 청소년'이었어요. 하지만 그에게는 바탕이 착한 마음씨와 남다른 의기가 있었습니다. 이것은 훗날 그가 현실에 굴하지 않고 큰 인물로 성장하는 원동력이 되었어요. 이와 관련해 다음과 같은 젊은 날의 일화가 전합니다.

어느 날 손병희는 청주 지방의 관리로 있는 형의 심부름으로 공금 40냥을 가지고 관가로 갑니다. 그런데 도중에 마을 입구에서 정신을 잃고 눈길 위에 쓰러져 있는 사람을 만났습니다. 손병희는 망설임 없이 이 사람을 둘러업고 근방의 주막으로 가서 주

인에게 이 사람을 맡아 달라고 부탁합니다.

그런데 생판 낯선 사람을 누가 쉽게 맡아 주겠습니까. 손병희는 30냥을 꺼내 주면서, 이 돈으로 음식을 먹이고 치료해 주라고 당부했답니다. 그러곤 남은 10냥만을 관가에 갖다주었어요. 저녁에 퇴근한 형에게 자초지종을 얘기하니 형이 크게 노합니다. 그러나 한편으로는 동생의 착한 마음씨에 감동했어요.

손병희는 동학에 입도하고 얼마 후 동학 혁명이 일어나자 2세 교주 최시형으로부터 북접의 대표로 임명되어 남접의 동학 농민군 지도자인 전봉준과 손을 잡았습니다. 함께 힘을 모으면 관군과 일본군을 물리칠 수 있다는 믿음과 절체절명의 위기의식과 사명감에서 뜻을 모은 것입니다. 그리고 두 사람은 의형제를 맺습니다. 그야말로 세상의 의(義)를 이루자는 것이었어요.

동학군은 북접의 참여로 100만 원군을 얻은 셈이 되었습니다. 당시 전봉준이 지휘하는 남접 측의 동학군은 관군은 물론 당시 최강의 일본군을 상대로 힘겨운 전투를 벌이고 있었습니다.

9 우금치 전투 이후 어떤 일이 있었나요?

조선에 파견된 일본군 병력은 3개 연대의 8000여 명에 불과했지만 잘 훈련되고 신식 무기로 무장한 상태였습니다. 이들은 조선 정부군과 지방의 영병(營兵) 또는 일본 낭인들의 정보 지원을 받으면서 동학 농민군을 무자비하게 살상했어요.

동학 농민군이 죽창이나 낡은 화승총으로 무장한 데 비해 일본군은 영국에서 개발되어 수입한 스나이더 소총과 자체 개발한 무라타 소총으로 무장하여 임진왜란 때와는 비교가 안 되었습니다. 스나이더 소총은 후발식 단발 소총으로 1874년 일본의 대만 침략 때도 사용되었던 신형 무기였어요. 동학 농민 혁명 당시 양측의 화력은 250 대 1의 수준이었다는 것이 학계의 통설입니다.

동학 농민군은 공주 우금치 전투에서 치명적인 타격을 입고 점차 패퇴의 길로 빠져들었어요. 북접 역시 남접과 같이 많은 희생자를 냈습니다. 손병희가 이끄는 북접 동학 농민군의 주력 부대는 논산에서 전봉준과 합세한 이래 남접 동학군과 행동을 같이

했어요. 공주 공방전에서 패한 후에도 전봉준의 부대와 고락을 함께하며 후퇴하다가 전라도 순창에서 비로소 공동 행동을 포기하고 충청도를 향하여 북상하게 되었습니다.

이후 진안·장수·무주 등지를 우회하여 충청도의 영동에 도착하였으나 일본군과 관군의 추격이 심하여 이곳에서도 머물지 못합니다. 청주 화양동을 거쳐 충주에 이르자 또다시 관군의 공격을 받아 12월 24일을 기하여 잔여 부대를 해산하고 교주 최시형 이하 손병희·손천민·김연국 등 동학 지도부는 각개 행동을 취할 수밖에 없었습니다.

동학 농민 혁명의 좌절 후 손병희는 1902년 일본으로 망명하여 은신하면서 대논설 「삼전론(三戰論)」을 발표했습니다. 서언에 이어 1. 도전(道戰), 2. 재전(財戰), 3. 언전(言戰)과 총론으로 짜인 이 논설은 손병희의 철학과 경륜을 집대성합니다. 핵심은 '개화 자강책'이었습니다.

손병희는 "지금의 세계 대세는 사람의 기운이 강할 대로 강해지고 꾀가 날 대로 나서 서로 싸운다고 하더라도 오수부동(五獸不動)의 상태, 즉 코끼리·쥐·고양이·개·호랑이 등의 다섯 가지 짐승이 서로 약점이 있어서 꼼짝 못 하는 상태와 같다고 파악하고,

앞으로는 무기로 싸우는 것이 쓸데없이 될 것이며 세 가지 싸움이

중요하게 될 것"이라며 다음과 같이 삼전론을 주장합니다.

　　첫째, 도전은 국민의 정신을 계발하는 데 전력을 다할 것이며,

　　둘째, 재전은 국가의 산업을 개발하여 자립할 수 있는 국력을

　　키워야 하고,

　　셋째, 언전은 외국의 사정에 밝아 외국과의 의사소통이 원활

케 할 것을 제안한다.

손병희는 당시 조선이 일본과 러시아 사이에서 위기에 처해 있다고 보고, 국민이 합심하여 국난을 극복할 세 가지 방안으로 삼전론을 제시한 것입니다.

10 왜 천도교로 이름을 바꾸었나요?

일본에 망명한 손병희는 동학의 국내 조직을 측근 이용구에게 맡겼어요. 그런데 이용구는 변절하여 매국 단체 일진회를 조직하고, 일제의 보호국이 되기를 요청하는 선언서를 발표했어요. 일제는 기다렸다는 듯이 1905년 11월 17일 을사늑약을 강제하고 대한제국의 외교권 등을 강탈했어요. 손병희는 마음이 급해졌습니다. 문명개화를 통해 조국을 개혁하고자 했으나 이미 일제가 무력으로 숨통을 조이고, 동학이 일진회와 같은 무리로 오해받게 되었어요. 동학 교인들이 매국 세력으로 인식되고 있는 사태 앞에 더 이상 지켜보고만 있을 수는 없었습니다.

무엇보다 동학이 일진회와 같은 무리가 아니라는 사실을 밝히는 일이 시급했습니다. 1세 교주 최제우와 2세 교주 최시형의 고귀한 순교로 이어진 동학의 법통과, 동학 농민 혁명 과정에서 비참하게 희생된 수많은 동학교도들의 피 값을 헛되이 할 수 없는 일이었습니다.

손병희는 고심 끝에 동학 교단의 수습과 교도의 재조직을 위해 중대한 결단을 내렸어요. 1905년 12월 1일을 기하여 교명을 천도교(天道教)로 바꾸어 선포했습니다. 1860년 최제우가 제세구민의 큰 뜻을 품고 동학을 창도한 지 46년 만의 일이었어요 『동경대전』에 있는 "도는 비록 천도이나 학은 동학이다"라는 구절을 인용하여 동학을 천도교로 개칭한 것입니다.

손병희는 동학이라 불리던 교단을 '천도교'라는 근대적 이름으로 세상에 반포하면서 다음과 같이 밝혔습니다.

"포덕 46(1905)년 을사에 성사 동학 이름을 고쳐 천도교라 하니라. 원래 동학이란 이름이 서학 아닌 것을 밝히고자 함이요, 실상 이름은 아닌 고로『동경대전』에 이른바 '도인즉 천도요, 학인즉 동학'이라는 뜻을 취하여 천도교라 고치니라."

뒷날 손병희 선생의 서거 소식에 상하이 대한민국 임시 정부가 국장의 예를 갖춰 추모식을 거행합니다. 해방 후 환국한 임시 정부 주석 백범 김구가 임정 요인들과 함께 가장 먼저 참배한 곳도 손병희의 묘소였습니다.

한편, 손병희는 근대적 언론과 출판에 각별한 관심을 가졌습니다. 일제의 국권 침탈이 가시화되고 있던 시점에서 국민의 인지를 계발하고 각성시키는 데는 서적과 신문보다 절실한 것이 없다고 믿었습니다. 일본에서 귀국할 때 출판사를 설립하고자 활자 등 인쇄 시설을 가져왔어요.

손병희는 1906년 2월 박문사라는 이름의 출판사를 설립하고, 1906년 6월〈만세보〉를 창간했어요. 당시 국제 정세는 크게 요동치고 있었습니다. 1914년 7월 28일 시작된 제1차 세계 대전이 1918년에 종전되면서 전승국과 패전국 사이에 강화 회의가 열렸어요. 일본은 중국에 대한 이권 확대를 노리고 영일 동맹을 내세워 독일에 선전 포고를 합니다. 이후 제1차 세계 대전의 승전국이 되면서 중국 산둥성의 독일 이권을 물려받고, 독일의 식민지였던 태평양 남양 제도는 일본의 위임 통치령이 됩니다.

11 동학은 3 · 1 혁명을 어떻게 주도했나요?

미국 대통령 윌슨은 1918년 1월 의회에 '14개조 평화 원칙'을 공표했어요. 그 내용은 ① 강화 조약의 공개와 비밀 외교의 폐지 ② 공해(公海)의 자유 ③ 공정한 국제 통상의 확립 ④ 군비 축소 ⑤ 식민지 문제의 공정한 해결 ⑥ 프로이센으로부터의 철군과 러시아의 정치 변화에 대한 불간섭 ⑦ 벨기에의 주권 회복 ⑧ 알자스 로렌의 프랑스 반환 ⑨ 이탈리아 국경의 민족 문제 자결 ⑩ 오스트리아-헝가리 제국 내의 여러 민족의 자결 ⑪ 발칸 제국의 민족적 독립 보장 ⑫ 오스만 제국 지배하의 여러 민족의 자치 ⑬ 폴란드의 재건 ⑭ 국제 연맹의 창설 등입니다.

각 민족은 그 정치적 운명을 스스로 결정할 권리를 가져야 하며 외부로부터 간섭을 허용하지 않는다고 하는 '민족 자결주의'는 19세기 국가주의(내셔널리즘)의 고양과 함께 약소 민족의 자주독립 사상으로 널리 인식되었어요.

제1차 세계 대전 결과 독일 · 오스만 · 오스트리아 제국이 붕괴

되고, 이들의 영향권에 있던 종속 민족들의 처리 문제가 시급한 국제 사회 현안으로 떠올랐어요. 윌슨의 14개조 원칙은 이 같은 상황에서 제기되었습니다.

손병희는 이때를 놓쳐서는 안 되겠다는 각오로 여러 가지 대책을 준비했어요. 1918년 8월 교단의 중진들을 불러 "지금은 사람과 물체가 개벽하는 때"라는 요지로 설교하면서 국제 정세의 변동을 소개했습니다. 그리고 거사 준비를 지시합니다.

천도교에는 민족문화수호 운동본부와 비밀 결사 '천도 구국단'이 결성되어 있었어요. 천도 구국단은 본부를 보성사(서울에 세워진 교재 출판 인쇄소)에 두었고 회원은 약 50명이었어요. 명예 총재는 손병희였고, 단장은 이종일, 부단장에 김홍규, 총무는 장효근, 섭외에 신영구, 행동 대장에 박영신이 각각 임명되었으며 보성사 사원들도 참여했습니다.

천도 구국단은 1914년 제1차 세계 대전에 따른 국제 정세를 분석하여 일제가 곧 패전하리라 판단하고, 그 경우에 대비하여 시국선언문을 마련해 두었습니다. 그러나 이 선언문은 1915년 9월 7일경에 발각되어 압수되고 말았어요.

천도 구국단은 1916년 2월에는 국제 정세를 논의한 뒤 민중

봉기를 계획합니다. 이에 따라 이종일은 남정철, 이종훈은 이상
재, 김홍규는 한규설, 홍병기는 박영효, 신영구는 윤용구, 장효근

은 김윤식 등 각계 원로들을 찾아가 대중 동원을 협의했어요. 그러나 이상재만이 "천도교 측에서 나선다면 나는 기독교도들을 동원해 주겠다"는 약속을 했을 뿐 모두 거절했습니다.

천도교는 동학의 창도 이래 '보국안민'과 '광제창생'의 기치를 내걸었습니다. 백성이 학정에 시달릴 때 보국안민의 동학 농민 혁명으로 봉기했고, 민족이 외적의 압제에 짓밟히자 광제창생의 3·1 혁명을 주도했습니다. 가르침에 충실한 종교 운동이자 곧 민족 해방 운동이었어요.

손병희가 주도한 민족 대표들은 1919년 3월 1일 태화관에 모여 독립 선언서를 발표하고 같은 날 오후 2시 서울 시내 중심 탑골공원에서부터 만세 시위를 거세게 전개했습니다. 탑골공원 팔각정 단상에는 대형 태극기가 걸리고, 2시 정각에 경신학교 졸업생 정재용이 단상에 올라가 「독립 선언서」를 낭독하자 군중들이 "조선 독립 만세"를 외쳤어요. 이어서 공원에 모였던 2000여 군중이 거리로 쏟아져 나오고 고종 황제의 장례식에 나온 시민 등 10만 군중이 종로 거리를 폭풍우처럼 휩쓸었습니다. 일제의 폭압 통치를 끝장내고 조선의 자주독립을 이루자는 외침은 거대한 해일이 되었어요. 만세 시위는 곧 삼천리 방방곡곡으로 들판의 불길처럼 번져 나갔습니다.

　백은식의 『한국독립운동지혈사』는 1919년 3~5월 독립 만세 운동에 관해 전국 집회 횟수 1542회, 참여자 202만 명, 사망자 7509명, 부상자 1만 5961명, 체포된 사람 4만 6948명, 불탄 교회당 47개, 불탄 민가 715채 등이라고 썼지요.

　일본 경찰에 끌려간 손병희와 민족 대표들은 즉시 남산 왜성대의 경무 총감부에 구금되었습니다. 지방에서 뒤늦게 상경한 길선주 · 유여대 · 정춘수 세 사람도 자진해서 경찰에 출두하여 이들과 합류했어요. 구속된 민족 대표들에게는 이날 밤부터 가혹한 취조가 시작되었어요. 33인 이외에 3 · 1 혁명 준비 과정에서 중요한 역할을 한 관련자들도 속속 구속되어 48명이 주동자로 취조를 받았습니다. 심한 고문도 가해졌어요.

　왜성대에서 1차 취조를 받은 민족 대표들은 모두 감옥으로 이송되었어요. 이들은 악명 높은 서대문 감옥에서 고문과 대질 심문 등의 어려운 고비를 겪으며 4월 4일 경성지방법원의 예심에 회부되었습니다. 일제는 독립지사들에게 처음에는 내란죄를 저지른 국사범(國事犯)으로 몰아갔어요.

　서대문 형무소에 수감된 손병희는 혹독한 심문과 고문으로 병환에 시달렸습니다. 일제는 병세가 악화되자 뒤늦게 병보석을 허가했지만, 때는 이미 늦었어요. 1922년 6월 14일(음력 5월 19일) 폐렴이 돌발하고 열이 나면서 맥박이 약해지고 혼수상태에 빠졌다가 눈을 감았습니다.

4

신화가 된 녹두장군 전봉준

12 전봉준은 누구인가요?

전봉준은 1856년 1월 10일(음력 1855년 12월 3일) 아버지 전창혁과 어머니 언양 김씨 사이에 태어났습니다. 아버지는 농촌의 지식인으로 서당 훈장을 지낸 것으로 알려졌어요. 그러나 생계는 지극히 어려웠어요. 여러 곳으로 이사를 다녀서 그의 출생지가 분명히 알려져 있지 않습니다.

전봉준은 아버지 밑에서 어린 시절을 보내며 다른 아이들처럼 서당에 들어가 한학을 공부했습니다. 태어날 때부터 재기 넘치고 활달한 기상을 가졌으나 유난히 키가 작아 5척에 불과하여, 성인이 되어서는 '녹두'라는 별명으로 불리었어요. 13세에 지었다고 전하는 「백구시」를 보면 비범한 수재였음을 알 수 있습니다. 이 시는 갈매기(백구)의 삶에 빗대어 당시 고통스러웠던 백성들의 생활상을 전하고 있어요.

스스로 하얀 모래밭에 놀매 그 뜻이 한가롭고

흰 날개, 가는 다리는 홀로이 청추롭다(청아하다).

소소한 찬비 내릴 때 꿈속에 잠기고

고기잡이 돌아간 후면 언덕에 오른다.

허다한 수석(水石)은 처음 보는 것이 아닌데

얼마나 풍상을 겪었던가 머리는 이미 희게 되었도다.

비록 번거로이 마시고 쪼으나 분수를 알지니,

강호(江湖)의 물고기들이여, 깊이 근심치 말지어다.

전봉준이 젊었을 때 가정 형편은 대단히 어려웠습니다. 재판 기록 「전봉준 공초」 내용을 보면, 땅은 논밭 모두 합쳐서 세 마지기밖에는 되지 않았다고 합니다. 이는 약 600평에 해당하는 면적으로서 당시 빈농 수준이었습니다. 한 가족이 살아가기조차 어려운 살림이었어요.

그러나 전봉준의 아버지는 용기 있는 분이셨어요. 고부 군수 조병갑이 모친상을 당했는데 이때 과도한 부의금을 주민들에게 공지하자, 부당하다며 항의합니다. 조병갑은 이를 앙갚음합니다. 결국 전봉준의 아버지는 체포되어 곤장을 맞고는 사망해요.

이건, 뭔가 잘못 됐어~!

전봉준은 30대 중반 무렵 동학에 입도했습니다. 만인평등·보
국안민·광제창생의 이념에 공감한 것입니다. 김치도라는 동학인
으로부터 동학 문건을 건네받고 열심히 공부하고 수도합니다.

감수성이 예민한 전봉준은 불우한 청소년기를 보내면서 많은
책을 읽고 지식을 넓혔습니다. 특히 정약용을 존경하여 『경세유
표』와 사회 비평 시 「애절양」 등을 즐겨 읽었다고 합니다.

이 무렵 나라의 사정은 갈수록 어려워졌어요. 무능한 국왕과

황후 일가가 득세하여 국가의 주요한 관직을 독점하고 매관매직이 일상화되어 부정부패가 만연했습니다. 백성들은 탐관오리들의 수탈에 허덕이고 서구 열강은 국가의 각종 이권을 차지합니다. 여기에 흉년까지 거듭되면서 백성들의 원성이 하늘을 찔렀습니다. 용기 있는 사람이 나서고 겁 있는 자는 움츠리는 때였어요. 용기 있고 당찬 인물이었던 전봉준은 마침내 봉기에 나서게 됩니다.

13 「새야 새야 파랑새야」는 어떤 민요인가요?

국난기나 혁명기에는 어김없이 각종 민요나 판소리 등 '민중의 소리'가 나타났습니다. 대부분 노래의 형태를 띠고 있는데 가사에는 각별한 뜻이 담기지요. 명확한 작사자·작곡자도 없이 민중의 입을 통해 불리고 전파되는 이들 민요·판소리 등의 가사는 시대 상황 때문에 은밀한 형태로 나타납니다. 겉으로 드러나는 내용 이면에 전혀 다른 뜻이 들어 있는가 하면 비유나 은유 등을 섞어 당대 지배 세력의 감시와 탄압을 피하고자 하였어요.

동학 농민 혁명기에도 각종 민요와 판소리가 나돌았습니다. 반봉건·반외세를 표방하며 봉기한 한국 역사상 최초의 민족·민중 운동인 동학 농민 혁명은 비록 좌절되었지만 민중 의식을 일깨우는 데는 크게 기여했어요. 1894년부터 1년여 동안 전개된 동학 농민 혁명은 관군과 일본군의 공격으로 25만~30만 명의 희생자를 낸 채 끝나고 말았습니다.

동학 농민 혁명 전개 과정에서 민중들 사이에서는 여러 가지 민요가 불렸습니다. 당시 지배 세력은 민중이 동학 농민 혁명에 가담하는 것을 두려워하였지요. 봉건 지배 체제에서도 민중은 여전히 두려운 존재였던 것입니다. 그래서 자연 발생적인 민요가 불리고, 이들 민요가 시대를 노래하는 참요의 성격을 띠게 되는 것을 두렵게 생각하였어요.

동학 농민 혁명은 어느 날 갑자기 터진 '화산 폭발'이 아니었습니다. 화산이 오랜 세월 동안 치열한 분화 운동을 거쳐 폭발하듯이 동학 농민 혁명은 삼남 지역 여러 곳에서 발생한 민란의 연장선상에서 일어난 민중 운동의 종합판이었어요.

동학 농민 혁명 과정에서 나타난 민요는 대부분 혁명 지도자 전봉준과 관련이 있었습니다. 동학 농민군은 전라도와 충청도 여러 곳에서 관군을 크게 무찔렀어요. 5월에는 전라도를 중심으로 충청도 · 경상도 일부를 포함하는 53개 고을에 집강소를 설치하여 동학 농민군이 직접 폐정 개혁에 나서기도 했습니다. 이 무렵 민중들 사이에는 '파랑새 노래'가 널리 소개되고 입에서 입으로 전해졌습니다.

새야 새야 파랑새야

녹두밭에 앉지 마라

녹두꽃이 떨어지면

청포 장수 울고 간다

이 노래는 누가 짓고 누가 가사를 붙였는지 알 수 없는 민요인데, 여러 가지로 해석이 가능합니다.

한편에서는 '파랑새'를 전봉준과 그를 따르는 민중을 의미하는 것으로 분석했습니다. '파랑'은 '팔왕(八王)' 즉 전(全)의 파자로서 전봉준을 의미하며 '새'는 그를 따르는 민중 즉 동학 농민 혁명군을 뜻한다는 것입니다.

즉 파랑새는 '전(全)' 봉준이고 청포 장수는 동학 농민 혁명을 진압하기 위해 조선에 온 일본 군사라는 풀이입니다. 당시 일본군이 파란색 군복을 입었답니다. 그러나 이렇게 해석하면 "새야 새야 파랑새야 녹두밭에 앉지 마라"라는 부분을 이해하기 힘들어집니다.

그래서 보통은 '녹두'를 전봉준 장군으로 봅니다. 실제로 동학 혁명기에 전봉준을 녹두장군이라 불렀어요. 키가 녹두처럼 작고 단단하다 하여 붙여진 이름입니다. 청포 장수는 녹말묵을 파는

행상이니 당시 천대받던 일반 민중을 일컫는다고 봐요. 파랑새는
동학 농민 혁명을 진압하기 위해 조선에 온 일본 군사로 풀이합니
다. 당시 일본군이 파란색 군복을 입었기 때문입니다. 그러면 "새
야 새야 파랑새야 녹두밭에 앉지 마라"는 "일본 군사야, 동학 농
민군을 짓밟지 말라, 녹두장군이 쓰러지면 민중이 슬피 운다"라
는 의미가 되는 것이지요.

파랑새 노래는 시기와 지역에 따라 여러 형태로 불렸습니다.
그중 일부를 소개합니다.

정읍 지방

새야 새야 파랑새야

너 뭣 하러 나왔느냐

솔잎 댓잎 푸릇푸릇

하절인 줄 알았더니

백설이 펑펑

엄동설한이 되었구나

원주 지방

새야 새야 파랑새야

깝죽깝죽 잘 논다만

녹두꽃을 떨구고서

청포 장수 부지깽이

맛이 좋다 어서 가라

홍성 지방

새야 새야 파랑새야

네 굽을랑 엇다 두고

조선굽에 나왔느냐

솔잎 댓잎이 파릇파릇하길래

하절인 줄만 알고 왔더니

백설이 휘날린다

14 사발통문에 담긴 평등사상은 무엇인가요?

고부 군수 조병갑은 풍양 조씨로 전 충청도 관찰사 조병식과 당시 관찰사 조병호와 일족이며, 이조판서 심상훈과 사돈 관계였습니다. 동학 농민 혁명의 직접적인 발단인 그의 적폐는 다음과 같습니다.

1. 기존의 민보(民洑) 아래 새로 보를 쌓아 물세를 징수했다.
2. 진황지(陳荒地, 버려둔 땅)를 백성에게 경작시키고 추가로 세금을 걷었다.
3. 군민들에게 불효 · 음행 · 잡기 등의 애매한 죄목으로 2만여 냥의 재산을 늑탈(勒奪, 강제로 빼앗음)하였다.
4. 대동미를 좋은 쌀로 징수하고는 국고에는 나쁜 쌀로 납부하여 그 차액을 착복했다.
5. 태인 현감을 지낸 부친 비각을 세운다고 1000여 냥을 거두었다.

6. 보를 쌓는데 남의 산에서 거목을 베어서 썼으며, 노역을 시
   키고 임금을 주지 않았다.

고부 말목 장터에서 치켜든 동학 농민 혁명의 불길은 호남과
영남, 충청 지역으로 확산되었습니다. 일부 지역에 국한되었다가
진압된 이전 민란과는 크게 다른 양상이었어요. 그 이유는 무엇
일까요? 그 바탕에 전봉준 등 비범한 지도자와 깨어 있는 민중이
있었기 때문입니다.

고부 서부면 죽산리 송두호의 집에서 작성된 사발통문에는
거사를 주도한 전봉준 · 송두호 · 정종혁 · 송대화 · 김도삼 · 송주
옥 · 송주성 · 황홍모 · 최홍열 · 이봉근 · 황찬호 · 김응칠 · 황채오 · 이
문형 · 송국섭 · 이성하 · 전여옥 · 최경선 · 임노홍 · 송인호 등 20명의
이름이 올랐습니다.

그동안 학계에서는 사발통문이 거사 주도자를 숨기려는 목적
으로 만들어졌다고 생각했습니다. 그 뜻이 "주모자를 감추려 참
여자의 성명을 둥글게 돌려 적은 통문"이기 때문이에요.

그러나 사발통문에는 고부성 격파와 군수 조병갑 효수, 군기
창고 · 화약고 점령, 탐관오리 격징(擊懲, 처단), 전주성 함락과 경사

(서울) 직향 등의 내용이 담겼습니다. 지배층이 볼 때 어김없는 반역 행위입니다. 당시 반역·반란은 노륙지전(孥戮之典)의 연좌죄(죄인의 아내나 아들 등 가족을 함께 처벌하거나 노비로 삼고 가산을 몰수하는 형률)가 적용되는 시대임을 감안할 때, 이들의 이름을 둥근 사발형에 나란히 쓴 것은 평등 정신의 발로였다고 할 것입니다. 단순히 이름이 적혀 있기만 해도 큰 벌을 받았을 게 분명했기 때문입니다.

이들은 수운 최제우의 "모든 사람은 평등하다"는 정신을 담아 위 아래가 아닌 나란히 쓰는 방식으로 서명했습니다.

고부에서 발진한 혁명의 열차는 굉음을 내면서 삽시간에 인근으로 향했습니다. 일찍이 허균이 『호민론』에서 말한바, 머뭇거리던 항민(恒民, 온순하게 부림을 당하는 사람)들도 주춤거리던 원민(怨民, 원한을 품은 사람)들도 머리에 흰 수건을 동여매고, 죽창을 꼬나들고 광제창생의 대열에 합류했어요. 소문이 꼬리를 물고, 더러는 사발통문을 통해 참여자가 증폭되면서 주변 지역은 혁명의 열기로 가득하였습니다.

사발통문에 제시한 4대 목표로 볼 때 즉흥적인 결정이 아니라 오래전부터 구상하고 검토한 내용임을 알 수 있어요. 따라서 고부 봉기의 잉태 기점은 상당히 앞당겨져야 할 것입니다.

15 두 번째 농민 봉기는 어떻게 전개되었나요?

1894년 4월 25일(음력 3월 20일) 전라북도 무장(현재의 고창 지역)의 당산마을 앞 들판에서 다시 동학 농민군의 봉기가 시작되었어요. 같은 해 2월 15일(음력 1월 10일) 고부 관아를 점거했다가 스스로 해산했는데, 이번에는 지난번 때와는 군중의 수나 조직, 내건 구호, 지휘 체계 등이 확연히 달랐어요.

이번 봉기는 사전에 치밀하게 조직되고 동원된 혁명적인 집결이었습니다. 무장에서 재개된 동학 농민 혁명은 백산에서 황토현으로 집결지를 옮기면서 수많은 농민이 자발적으로 참가하여 혁명의 진행이 급물살을 타게 되었어요.

고부에서 농민들의 해산과 함께 몸을 숨겼던 전봉준은 손화중·김개남·김덕명 등 동지들을 만나 본격적인 혁명 장소로 무장을 택했습니다. 손화중이 동학 접주로 있는 곳이고, 자신의 친지들도 많이 살고 있어서 거사 준비에 적합한 지역이었기 때문입니다.

이 무렵 조정에서는 눈에 불을 켜고 전봉준 체포에 나섰습니

다. 고부 관아 점거의 주동 인물로 지목된 그는 변장을 하고 이곳
저곳 옮겨 다니면서 관의 추적을 용케 피하고 있었어요. 혁명 지
도부는 4월 초순부터 동학 농민군을 지휘하게 될 호남창의대장
소를 조직합니다.

　전봉준을 총대장인 동도대장(東徒大將)에 추대하고 손화중 · 김
개남이 총관령, 김덕명 · 오지영이 총참모, 최경선이 영솔장, 송희
옥 · 정백현 등이 비서에 선임되었어요. 대부분이 보은 집회 등에
참가했던 동학의 핵심 인사들이었어요. 이들은 고부 관아를 공격

할 때도 앞장섰으며 사발통문을 만들어 돌릴 때도 서명했습니다.

동학 농민 혁명군의 진영은 예상보다 빨리 정비됐습니다. 대의를 위해 자발적으로 참여한 까닭에 모든 사람이 솔선수범했기 때문이지요. 지휘 본부에는 '보국안민' 네 글자가 선명하게 새겨진 동도대장 깃발(대장기)이 하늘 높이 휘날렸습니다. 이들은 전국에 다음과 같이 격문을 보내어 참여를 호소했어요.

격문

우리가 의(義)를 들어 여기에 이름은 그 본의가 단연 다른 데 있는 것이 아니고, 창생을 도탄에서 건지고 국가를 반석 위에 두자는 데 있다. 안으로 탐학한 관리의 머리를 베고 밖으로는 횡포한 강적의 무리를 몰아내고자 함이다.

양반과 부호 밑에서 고통을 받고 있는 민중들과 방백(方伯) 수령(守領) 밑에서 굴욕을 당하고 있는 낮은 벼슬아치들은 우리와 같이 원한이 깊은 자다. 조금도 주저치 말고 이 시각으로 일어서라. 만일 기회를 잃으면 후회하여도 미치지 못할 것이다.

호남창의대장소

격문을 띄운 지 며칠이 지나자 호남 일대 동학교도와 일반 농민들이 구름처럼 몰려왔습니다. 동학의 포(包, 동학 지역 부대)가 있는 지역은 각자 지역별로 봉기하여 백산으로 모여들었어요. 고부 백산으로 모여드는 군중은 비단 동학교도들뿐이 아니었어요. 관의 행패와 양반, 토호들의 극악한 착취에 원한이 골수에까지 사무친 백성들이 동학의 깃발 아래로 모여들었습니다.

식량의 조달은 관청에 쌓인 세미(稅米, 세금으로 거둔 쌀)로 충당하고 늘어나는 인원을 수용할 군막을 새로 쳤습니다. 백산 일대는 밤늦도록 군막 짓는 망치 소리가 끊일 사이가 없었습니다. 밤이면 군데군데 화톳불이 찬란했어요.

호남창의대장소에서는 전봉준을 비롯하여 참모들이 둘러앉아 전략을 짜기에 밤낮이 없었어요. 한편에서는 군사를 조련했습니다. 총질에 익숙한 사람은 특별히 선발되어 군기고에서 탈취한 화승총으로 장비를 갖추었고, 다른 사람들은 대나무를 베어다가 죽창을 만들고, 궁장이는 활을 만들고 화살을 다듬는 등 모두 열심이었어요.

5
동학 농민 혁명군의
마지막 전투

16 농민군의 행동 강령과 대의는 무엇이었나요?

전라북도 무장에 집결한 동학 농민 혁명군은 동도대장의 큰 깃발을 앞세우고 각기 청황적백흑의 오색기로 그 표식을 삼아 대오를 정비했습니다. 실제적으로 동학 농민 혁명군의 진군이 결행되는 순간이었어요.

전봉준은 이 자리에서 다시 한번 혁명의 당위를 설명하고, 이번 거사의 대의를 4개 항의 행동 강령으로 집약하여 선포했습니다.

1. 사람을 함부로 죽이지 말고 재물을 손상하지 말라.
2. 충효를 다하여 세상을 구제하고 백성을 편안하게 하라.
3. 일본 오랑캐(倭夷)를 섬멸하고 성스런 길을 깨끗이 하라.
4. 군사를 몰아 서울로 들어가 세도가를 깡그리 없애라.

무장에 집결한 군중은 수천 명에 이르렀습니다. 당시 봉기군 측의 자세한 기록은 남아 있지 않지만 전봉준은 재판 중 공초(供

招, 피고인 진술)에서 4000여 명이라 밝혔습니다. 지방 관청의 보고에도 수천 명으로 기록되었어요.

혁명군 지휘부는 전봉준 · 손화중 · 김개남 3인 명의로 '창의문'을 발표하여 혁명의 대의를 천하에 공포했습니다.

창의문

세상에서 사람을 가장 귀하다고 여기는 것은 인륜이라는 것이 있기 때문이다. 군신부자(君臣父子)는 인륜의 가장 큰 것이다. 임금이 어질고 신하가 곧으며 아비가 사랑하고 아들이 효도한 후에야 비로소 나라를 이루어 능히 끝이 없는 복을 누리게 되는 것이다. 지금 우리 성상은 어질고 효성스럽고 자상하고 자애하며 정신이 밝아 총명하고 지혜가 있으니 요순의 덕화와 문경의 다스림을 가히 바랄 수 있으리라.

그러나 오늘의 신하된 자들은 보국을 생각하지 아니하고 한갓 녹위(祿位, 녹봉과 벼슬자리)만 도적질하여 총명을 가리고 아부와 아첨만을 일삼아 충성되이 간하는 말을 요언이라 이르고 정직한 사람을 비도(匪徒, 도적 떼)라 하여 안으로는 보국의 인재가 없고 밖으로는 백성을 탐학하는 관리가 많도다. 인민의 마음은 날로 변하여 생업을 즐길 수 없고 나아가 몸을 보존할 계책이 없다. 학정이 날로 심하고 원성은 그치지 아니하니 군신의 의리와 부자의 윤리와 상하의 명분은 무너지고 말았다. 『관자』(管子, 춘추 전국 시대 제상인 관중의 책)가 말하길 '사유(예의 염치)가 펴지 못하면 나라가 멸망하고 만다'고 했는데 오늘의 형세는 옛날보다 더욱 심하다.

공경(公卿, 벼슬아치)부터 방백(方伯, 조선 시대 지방 최고위 관리) 수령까지 모두 국가의 위태로움은 생각지 아니하고 한갓 자신을 살찌우는 것과 가문을 빛내는 데에만 급급하여 사람 선발하는 문을 돈벌이로 볼 뿐이며, 응시의 장소를 물건을 사고파는 시장으로 만들었다. 허다한 돈과 뇌물은 국고로 들어가지 않고 도리어 개인의 배만 채우고 있다. 국가는 누적된 빚이 있으나 갚을 생각은 아니하고 교만과 사치와 음란과 더러운 일만을 거리낌 없이 자행하니 팔도는 어육(魚肉)이 되고 만민은 도탄에 빠졌다.

수령들의 탐학에 백성이 어찌 곤궁치 아니하랴. 백성은 나라의 근본이라. 근본이 쇠잔하면 나라도 망하는 것이다. 보국안민의 방책은 생각하지 아니하고 밖으로는 고향집을 화려하게 지어 오로지 제 몸만을 위하고 부질없이 국록만을 도적질하는 것이 어찌 옳은 일이라 하겠는가.

우리는 비록 초야의 유민이지만 임금의 토지를 부쳐 먹고 임금의 옷을 입고 사니 어찌 국가의 존망을 앉아서 보기만 하겠는가. 팔도가 마음을 합하고 수많은 백성이 뜻을 모아 이제 의로운 깃발을 들어 보국안민으로써 사생의 맹세를 하노니, 금일의 광경은 비록 놀랄 만한 일이기는 하나 두려워하

거나 흔들리지 말고 각자 그 생업에 편안히 종사하면서 함께
태평세월을 빌고 임금의 덕화를 누리게 되면 천만다행이겠
노라.

갑오 3월 20일(양력 4월 25일)

호남창의소

전봉준

손화중

김개남

17 황토현 전투는 어떻게 전개되었나요?

'황토현 전투'는 동학 농민군과 관군이 접전한 최초의 싸움입니다. 전봉준은 백산에서 동학 농민군의 대오를 편성하여 전투 태세를 갖춘 후 부안현 부안역(驛)과 태인현 인곡 북촌 용산에 각각 부대를 보냈습니다. 이곳에서 하루를 보낸 동학 농민군 부대는 금구현 원평으로 진출하여 이곳 봉기군과 합류한 후 금구현 관아를 습격하고 현감을 결박하여 군기고를 접수했습니다. 한편 다른 부대는 부안현 관아를 습격하여 현감 이철화를 결박하고 군기고와 전곡을 접수했어요.

동학 농민군 지도부는 황토현 전투를 앞두고 몇 차례 사발통문과 밀서 형식의 통문을 인근에 돌려서 혁명의 의지를 거듭 천명했습니다. 다음은 동학 농민군 통문 일부입니다.

성명(聖明, 하느님)이 위에 있고 생민(生民, 살아 있는 백성)이 도탄이니 누가 민폐의 근본인고. 이는 포흠(逋欠)질하는 (관청의 물건을 소홀히하는) 관리로 말미암은 것이니, 포흠질하는 관리의 근본은 탐관으로 말미암은 것이고 탐관의 소기는 집권의 탐람(貪婪, 탐냄)에 있다. 오호라, 난이 극한 즉 다스려지고 흐린 즉 바뀌어지는 것은 당연한 이치이다.

지금 우리들이 백성을 위하고 나라를 위하는 이 마당에 어찌이서(吏胥, 관리)와 민인의 구별이 있겠는가? 그 근본을 캐면 이서 역시 백성이니 각 공문부의 이포(吏逋, 관리들의 포흠질)는 민막(民瘼, 백성에 대한 병폐)의 조건이므로 몰수하여 와서 보고하라. 또한 시각을 어기지 말기를 특별히 명심하라.

동학 농민군의 사기는 높았지만, 무기는 열악하여 구식 총과 칼·죽창이 전부였습니다. 반면에 관군은 나름대로 무장을 갖추고 있었어요. 또 보부상을 풀어 정보를 파악했습니다. 원인이야 무엇이었든 간에 황토현에서 처참한 동족상쟁의 전투가 벌어졌어요. 동학 농민군 지도부는 전투에 앞서 다시 한번 전의를 다지고 봉기하게 된 이유를 다음처럼 방문(榜文)을 통해 밝혔어요.

방금의 사세(事勢)는 앉아서 죽음을 기다릴 수 없는 형편이다. 웅병 맹장은 각각 그 믿는 땅에 있고 각 군의 재사는 그를 먼 곳에 보내어 근왕의 일을 한다. 대저 오늘날 우리들의 주위를 둘러싸고 있는 형편으로 말하면, 집권 대신들은 모두가 외척인데, 주야로 하는 일이란 오로지 자기의 배만 부르게 하는 일이고, 자기의 당, 자기의 파(派)만을 각 읍에 널리 보내어 백성 해치기를 일삼고 있으니 백성들이 어찌 이를 감내할 수 있다는 말인가?
초토사 홍계훈은 본래가 무식한 사람이라, 동학의 위세를 두려워하면서도 부득이 출병하였다. 망령되이도 공이 있는 김시풍을 죽이고 이것으로 공을 삼으려 하니 홍계훈은 반드시 사형을 받아 죽을 것이다. 가장 가석한 일은 3년 이내에 우리나라가 귀속될 것이므로 우리 동학이 의병을 일으켜 백성들을 편안케 함이니라.

갑오 4월 27일

황토현 전투는 치열하게 전개되었고, 동학 농민군의 큰 승리로 끝났습니다. 동학군의 사기가 크게 오르고 관군의 처지는 말이 아니었어요. 우리나라 민란사에서 '의기'만으로 구성된 오합지졸의 농민 봉기군이 관군과 싸워 이긴 것은 흔치 않은 일이었습니다. 첫 접전에서 동학 농민군이 대승을 하게 된 데는 지휘부의 전략이 주효했어요. 황토현 지역의 지형을 잘 알고 적절히 대처했던 것이 승리의 요인이었습니다.

동학 농민군은 신바람이 났고, 여기에 '광제창생' '척왜척양'의 대의명분이 더해졌습니다. 창고가 열리면서 배고픔이 해결되고, 주위의 농민들이 밥을 지어 오면서 더러는 막걸리도 내왔을 것입니다. 동학교도들에게는 '개벽'의 날이 오는 것으로, 농민들에게는 배불리 먹고 압제가 없는 '새날'이 오는 것으로 인식되었습니다.

18 어떻게 전주성에 무혈입성했나요?

5월 11일(음력 4월 7일) 황토현 전투에서 동학 농민군이 크게 승리했다는 소문은 사방으로 전해졌습니다. 소문은 풍문이 되어 널리 퍼져 나갔어요. 그 중심에 전봉준이 있었습니다. 상복 차림으로 동학 농민군을 지휘한 전봉준은 혁명의 상징이었습니다. 장차 조선의 운명은 전봉준의 손에 달렸고, 세상은 동학 농민군이 지배하게 될 것이라는 소문이 퍼져 나갔어요. 여기에 동학 농민군은 총을 맞아도 죽지 않는다는 말이 돌면서 신비감과 외경심은 더욱 커졌습니다. 실제로 농민군은 동학의 부적을 몸에 간직하고 전장에 나갔어요. 이런 소문이 관군에게 알려지면서 그들의 사기가 크게 떨어졌습니다.

5월 31일(음력 4월 27일), 동학 농민 혁명군은 예상과는 달리 힘 안 들이고 호남의 심장부인 전주성에 무혈 입성했습니다. 무기고에서 무기를 꺼내 오고, 창고를 열어 곡식을 실어 내오고, 감옥을 부수어 죄인들을 풀어 주었습니다.

동학 농민군이 전주성을 쉽게 함락할 수 있었던 요인의 하나는 성안에 동학 농민군과 통하는 사람들이 많았기 때문입니다. 전주성뿐만 아니라 동학 농민군이 점거한 다른 지역도 그랬어요. 이는 농민군이 민중의 절대적인 지지를 받고 있었음을 보여 줍니다.

전봉준은 전주성을 점령한 동학군이 복수심에 불타서 살상과 약탈을 일삼을 것을 염려하여 12개조의 군율을 선포했어요. 이를 어긴 자는 가차 없이 처벌했습니다.

• 항복한 자는 대접을 받는다.
• 곤궁한 자는 구제한다.

- 탐학한 자는 몰아낸다.
- 순종하는 자는 경복(敬服, 존중)한다.
- 도주하는 자는 쫓지 말라.
- 굶주린 자는 먹인다.
- 간교하고 교활한 자는 없애 버린다.
- 가난한 자는 구해 주라.
- 불충한 자는 없애 버린다.
- 거역하는 자는 효유(曉喩, 타이름)하라.
- 병자에게는 약을 준다.
- 불효자는 죽인다.

　　전봉준은 이날 오후 관아에서 일장의 연설을 했어요. "우리는 보국안민을 주장하는 자들이라 백성과 국가를 위하여 노력함이요, 결코 타의가 없으니 동포들은 각기 안심하라"고 마음을 어루만진 다음, 관리들에게는 "비록 관리라도 죄 없는 자는 논하지 않을 것이며, 설사 죄가 있다 하더라도, 전과를 뉘우치고 의거에 합종(合從)하는 자는 특별히 용서할 것이고 그렇지 않으면 목을 베겠다"라고 엄명을 내렸습니다.

19 집강소 설치의 의미는 무엇인가요?

동학 농민군은 전라도 53개 군현의 관청 안에 집강소를 설치했습니다. 집강소란 농민이 직접 참여하는 일종의 민정 자치 기관입니다.

호남 일원 행정 관청 안에 동학 농민군의 집강소가 설치된 것입니다. 형식상으로는 관민 이원화 형식의 조직이었지만, 실제로

는 동학 농민군이 통치의 중심이 되었어요.

집강소는 동학 농민 혁명 이전부터 향촌 사회에 있어 왔던 민간의 자치 기관이었어요. 전봉준은 각 군현의 집강들을 통해 폐정 개혁을 위한 12개 항의 행정 요강을 공포하고 이를 집강소 운영의 준칙으로 삼도록 지시했어요.

집강소 12개조 행정 요강(폐정 개혁안 12조)

① 동학교도와 정부와의 사이에 오래 끌어온 혐오의 감정을 씻어 버리고 모든 행정에 협력할 것.

② 탐관오리는 그 죄목을 조사해 내어 일일이 엄징할 것.

③ 횡포한 부호들은 엄징할 것.

④ 불량한 유림과 양반은 징습(懲習, 징계)할 것.

⑤ 노비 문서는 불태워 버릴 것.

⑥ 7종의 천인 차별을 개선하고, 백정 머리에 쓰는 평량갓은 없앨 것.

⑦ 젊어서 과부가 된 여성의 결혼을 허락할 것.

⑧ 무명잡세는 모두 거둬들이지 말 것.

⑨ 관리의 채용은 지벌(地閥, 지체와 문벌)을 타파하고 인재를 등

용할 것.

⑩ 외적과 내통하는 자는 엄벌히 징벌할 것.

⑪ 공채든 사채든 기왕의 것은 무효로 돌릴 것.

⑫ 토지는 평균하게 나누어 경작하게 할 것.

전주성 함락 이후 정부는 청에 원병을 요청해 청군이 아산만에 들어왔고, 일본군은 자국민을 보호한다는 구실로 인천에 상륙했습니다. 이런 상황에서 농민군은 정부와 그간의 정부의 잘못된 정책과 정치를 개혁할 것을 합의하고 전주성에서 철수하면서 각자 연고지를 중심으로 집강소 운영에 참여합니다.

각 군현에 설치된 집강소는 '관민 합작'의 성격을 띠고 있었어요. 전봉준이 전라관찰사 김학진의 초청으로 전주 감영에 들어가 관과 민이 서로 협력을 도모하는 것을 논의하면서 각 군현에 집강소를 설치하기로 합의합니다. 다만 전봉준의 제의로 설치한 집강소가 동학 농민군의 자치 기관인가, 관민 합의에 의한 합작 기관인가 하는 데는 논란의 여지가 있습니다.

20 우금치 전투는 왜 패배했나요?

동학 농민군이 전주성에서 철수한 이후 조선 정부는 청군과 일본
군에게 철수를 요청했습니다. 그러나 일본은 경복궁을 점령하고,
청일 전쟁을 일으킨 후 조선의 내정에 본격적으로 간섭을 시작합
니다.

이에 동학 농민군은 항일 구국의 기치를 내걸고 다시 봉기를
합니다. 동학 농민군은 우금치에서 일본군 · 관군과 격돌하게 됩
니다. 1894년 12월 5일(음력 11월 9일) 동학 농민군과 일본군 · 관군
사이에 벌어진 우금치 전투는 동학 혁명 과정에서 가장 치열한
싸움이었고 희생자가 가장 많은 전투였어요. 충청남도 공주의 이
인리에서 공주읍으로 넘어가는 고개가 우금치입니다. '우금치'란
이름은 험해서 소를 몰고는 넘을 수가 없는 고개, 즉 '우금치(牛禁
峙)'에서 비롯했다고 해요. 그러다 나중에 금(禁) 자가 금(金) 자로
바뀌었다고 합니다. 이 고개에 금광맥이 있어 소(牛)만 한 금덩어
리가 들어 있었기 때문이라고 해요.

하루 전 이인리 전투에서 전봉준이 이끈 동학 농민군 10만 병력은 서산 군수 성하영의 관군과 일본 정예 부대를 맞아 싸워서 크게 승리했어요. 이튿날부터는 공주성을 앞에 두고 우금치에서 쌍방의 치열한 공방전이 계속되었습니다. 완전 무장한 일본군은 이날 새벽부터 우금치에 매복하고 있었습니다. 일본군은 해뜨기를 기다렸다가 진격해 오는 동학 농민군 쪽으로 햇살이 눈부시게

비치자 일제 사격을 퍼부었어요.

우금치에서 2만여 명의 동학 농민군 주력이 500여 명밖에 남지 않을 만큼 큰 희생을 치렀습니다. 우금치 계곡과 봉황산 마루는 쓰러진 동학 농민군 시체로 하얗게 덮였고 산 밑 시엿골 개천은 여러 날 동안 핏물이 흘렀다고 합니다.

우금치 전투에서 동학 농민군은 충청 감사 박제순 휘하의 관병에게 "총부리를 왜놈들에게 겨누어라. 왜 동족을 살상하느냐"고 외쳤지만 돌아오는 응답은 빗발치는 총알뿐이었습니다.

우금치 전투에서 막대한 희생을 치른 동학 농민군은 퇴각하기 시작했어요. 그러자 일본군과 관군은 쉴 새 없이 뒤쫓았습니다. 일본군은 삼남 지방을 휩쓸고 다니면서 들판에서, 두메에서 닥치는 대로 동학 농민군을 잡아 학살했어요.

이후 농민군은 쇠퇴를 거듭하다가 결국 해산합니다. 이를 이끌던 녹두장군 전봉준 역시 체포되어 세상을 바꾸겠다는 꿈을 이루지 못한 채 1895년 4월 24일(음력 3월 30일) 처형당하지요.

6

민주주의로 부활하는
혁명의 역사

21 동학 농민 혁명의 세계사적 의미는 무엇인가요?

인류 역사에서 커다란 사회 변화를 몰고 온 변혁 운동으로 프랑스 혁명을 들지요. 혁명은 자유·평등·박애의 세 가지를 내세웠습니다. 그때까지는 동서양을 막론하고 사람들은 왕이나 황제·군주 등 지배자들을 '하늘이 낸' 인물로 떠받들었습니다. 아무리 자손이 못났어도 왕위를 세습시키는 전통을 따랐지요. 프랑스 국왕 루이 14세가 "짐이 곧 국가다"라고 떠들 만큼 왕(군주)은 곧 백성의 생살여탈권을 쥔 절대 권력자였습니다. 우리나라도 더 하면 더 했지 덜하진 않았지요. 그런데 1789년 프랑스에서 시민들이 봉기하여 왕과 왕비를 처단하는 시민 혁명이 이루어졌습니다.

이를 계기로 천부 인권, 즉 사람은 태어날 때 하늘로부터 타인에게 넘길 수 없는 권리를 갖고 출생한다는 정신이 퍼지고, 삼권 분립·평등·자유·인권 등 근대 민주주의 가치가 실현되었어요. 그래서 프랑스 대혁명이라 불리기도 합니다.

동학 농민 혁명 이전까지 우리는 혁명이 없는 역사를 살았어요. 피지배층의 저항은 반란·폭동·난동 등으로 매도되고 혹독한 탄압이 따랐습니다. 반정이 몇 차례 시도되었으나 내부의 권력 교체 수준이어서 엄격한 의미의 혁명은 아니었어요. 역성혁명은 혁명이라기보다 왕조를 새로 세우는 창업(創業)에 속합니다.

우리나라는 봉건 왕조 시대에 혁명은커녕 변변한 개혁도 허용되지 않았어요. 기득권층에게 개혁은 반역과 동의어처럼 인식되고 단죄되었습니다. 혁명이 일어나고 성공했어야 할 시기에 이를 이루지 못함으로써 조선 왕조는 멸망하고 왜적의 식민 지배에 이어 분단의 비극을 겪게 되었어요.

결국 좌절되고 말았지만 전근대에서 근대의 문을 연 동학 농민 혁명은 1789년 프랑스 혁명과 유사점이 많은, 우리나라 근현대 최초의 혁명이었습니다. 유럽의 중심지 프랑스와 아시아의 변방 한반도라는 지리적 차이와, 100년의 시차가 있었지만 상황과 추구하는 목표·가치는 크게 다르지 않았어요.

혁명 전 프랑스는 절대주의 부르봉 왕조에서 제1신분인 성직자 제2신분인 귀족 계급 10%가 전 농토의 60%를 차지하고 제3신분인 인구의 90%가 나머지 땅을 나누어 가졌습니다. 프랑스 혁명의 지적 기원을 들자면 몽테스키외·볼테르·루소 같은 계몽

사상가들의 역할이 있었습니다.

동학 혁명에는 선각자 최제우 · 최시형 · 손병희가 있었어요. 이들의 생명 존중 사상, 보국안민 사상, 개벽 사상 · 평등주의는 프랑스 혁명의 계몽주의 사상과 크게 다르지 않았습니다. 루이 16세 같은 무능한 군주와 왕비 마리 앙투아네트의 사치 · 낭비가 극심했는데, 고종과 민비의 행태가 이와 유사했어요.

흔히 프랑스 혁명의 주체를 제3신분인 파리의 시민들로 인식하지만, 실제로는 농민들의 힘이 컸습니다. 한 해 전(1788년) 여름

때아닌 우박으로 밀 농사를 망친 농민들이 파리로 몰려와 "빵을 달라"며 혁명의 대열에 앞장섰어요. 마찬가지로 동학 농민 혁명의 주체는 동학교도와 깨어 있는 농민들이었습니다.

혁명의 진행 과정을 살펴보면 프랑스는 라파예트가 기초한 '17개조의 권리 선언'을 채택했고, 동학은 전봉준 등이 기초한 '폐정 개혁 12개조'가 제시되었습니다. '권리 선언'은 자유 · 평등 · 박애를 내세우며 삼권 분립 등을 내세웠고, '폐정 개혁안'은 노비 문서 소각 · 토지 균등 분작 · 인재 등용 등을 제시했습니다.

프랑스 혁명은 전제 정치의 상징인 바스티유 감옥을 점거하여 정치범을 석방했고, 동학 농민들은 원성이 자자하여 표적이 된 고부 관아를 점거하여 탐관오리들을 숙청하고 억울한 죄수들을 풀어 주었습니다. 이후 프랑스에서는 '제헌 의회'를 구성하여 한때나마 공화정을 실시했고, 조선에서는 53개 군현에 집강소를 설치하여 농민 자치를 실현했어요.

차이라면 프랑스는 혁명의 발화지가 수도 파리여서 루이 16세를 비롯하여 왕비 등 앙시앵 레짐(구체제)의 수뇌를 처형할 수 있었는데, 동학 농민 혁명은 수도와는 먼 지방에서 출발했기에 구체제를 바로잡기 어려웠고(조병갑은 기미를 알고 도피) 외세의 개입으로 오히려 혁명 주체 세력이 제거당하고 말았다는 점입니다.

그럼에도 프랑스 혁명은 왕권신수설 등으로 전수된 수백 년의 강고한 지배 권력을 피지배 민중의 힘으로 타도하고 공화정의 토대를 만들었으며, 동학 농민 혁명은 일시적인 좌절에도 불구하고 근대의 문을 열고 자주성과 개혁의 불씨를 남겨, 향후 민족 · 민주 · 민중 운동의 동력이 되었습니다.

22 동학의 정신은
오늘날 어떻게 이어지고 있나요?

동학 농민 혁명은 일본군의 침범으로 엄청난 피해를 당하고 좌절되었습니다. 패인은 무엇보다 외세를 막지 못한 무능·무기력·무대책의 고종과 민씨 척족의 책임이 큽니다. 전술 전략 면에서는 크게 차이가 난 화력, 곧 무기 체계를 들 수 있습니다.

일본군은 현대식 총기류로 무장한 데 비해 동학 농민군은 낡은 화승총과 죽창이다 보니 상대가 안 되었어요. 결국 25만~30만 명에 이르는 엄청난 희생을 치르면서도 동학 농민 혁명은 좌절되었지만, 그 정신은 살아 이 땅의 혼백이 되고 혁명의 디엔에이(DNA)가 되었습니다.

동학 농민 혁명 정신을 잇겠다는 활빈당과 영학당이 조직되고, 정부에서는 갑오경장을 통해 동학군이 제기한 사항을 일부 수용했어요. 곧이어 전국 각지에서 의병 투쟁이 일어나 '척왜'를 내걸고 일제와 싸웠습니다. 그러나 이때도 역시 무기가 열악해서 드높은 사기에도 불구하고 많은 희생자를 남긴 채 패배하기에 이르렀어요. 일제는 당시 의병을 모조리 죽이고, 모조리 빼앗고, 모조리 불태운다는 이른바 '삼광 작전'을 썼어요.

1905년 을사늑약에 이어 1910년 대한 제국의 국권을 일제에 빼앗기는 경술국치를 당하게 되고, 2000만 국민과 3000리 강토가 송두리째 말살되었어요. 그러나 우리 민족의 저력은 언제까지 당하고만 있지 않았어요. 동학을 이은 천도교가 중심이 되어 1919년 3·1 혁명이 일어나 맨주먹 붉은 피로 일제 강도 집단과 싸웠습니다. 국치 9년 만에 전국 각지는 물론 해외의 동포들도 독립 만세 시위를 벌였어요. 이로 인해 국내외에서 무자비한 일제의 총칼 앞에 수백·수천 명의 동포가 학살되었지요.

3·1 혁명을 계기로 중국 상하이에 대한민국 임시 정부가 수립되고, 동학 농민 혁명에서 내세웠던 대동사상, 자주독립, 평등 정신을 근간으로 하는 헌법이 제정되고 공화주의 정부를 세웠습니다. 동학 농민 혁명의 정신이 3·1 혁명과 임시 정부로 이어진 것입니다.

마침내 일제가 패망하고 대한민국은 1948년 정부를 수립했어요. 동학 농민 혁명의 정신은 대한민국의 민주화를 촉진시키는 민주화와 저항의 디엔에이(DNA)가 되고, 지금도 여전히 국민의 심장에서 꿈틀대고 있습니다.

　이런 의미에서 1894년의 동학 농민 혁명은 프랑스 혁명과 마찬가지로 인류사에서 대동사상과 자주독립의 정신으로 이어지고 있습니다.